LAURO TREVISAN

7 PASSOS PARA DAR A VOLTA POR CIMA

EDITORA DA mente

Lançamento: 12 novembro 2004
Capa: Cristian Giordani Rossato e Aline Fleig.
Editoração: Gilson Brasil

EDITORA DA MENTE

Pedidos: Editora e Distribuidora da Mente
Rua Tuiuti, 1677 - Caixa Postal - 559
97015-663 Santa Maria - RS - Brasil
Fone: (0xx55) 3223.0202
Fax: (0xx55) 3221.7184
E-mail: laurotr@uol.com.br
mente@laurotrevisan.com.br
Site: www.editoradamente.com.br

Sete passos

Agora só depende de sua vontade. Apenas SETE PASSOS e você estará no melhor patamar da sua vida.

1- TUDO TEM SOLUÇÃO.
2- RETOMADA DA VIDA.
3- REVEJA SEUS PROJETOS.
4- DESCUBRA SUAS FORÇAS SUPERIORES.
5- DESPERTE SUAS QUALIDADES PESSOAIS.
6- RELACIONE-SE. NÃO SEJA UMA ILHA.
7- ACIMA DE TUDO, SEJA FELIZ.

Primeiro passo

NADA ESTÁ PERDIDO TUDO TEM SOLUÇÃO

Admita seus erros e enganos,
mas não os lamente;
corrija-os e continue andando
para frente.

Desde que esteja caminhando
para frente, você pode corrigir
a sua rota enquanto caminha.

MAXWELL MALTZ

Empatia

Compreendo você. Vamos chorar juntos. Sim, compreendo a sua dor.

Compreendo suas lágrimas. Elas são a resposta do coração aos golpes amargos, assim como os sorrisos são a linguagem do coração aos momentos felizes e doces.

Compreendo a sua revolta, afinal toda injustiça é um prego cravado na sensibilidade da alma.

Compreendo sua perturbação, já que a desgraça pegou você desprevenido e confuso.

Compreendo os tremores que lhe causam a chuva fria do desamparo e da saudade.

Compreendo seu desespero quando vê que tudo que havia conquistado com suor e sacrifício foi por água abaixo.

Compreendo seu remordimento e autopunição quando se deu conta de que seus atos provocaram desgraça alheia.

Compreendo quando você pede socorro a Deus e lhe parece que só o eco responde, deixando seu coração ao sabor da própria sorte.

Compreendo sua raiva, porque seu filho, por quem tanto fez, retribui agora com agressões, drogas e furtos, arrastando-se na vida mais miserável que jamais poderia imaginar.

Compreendo sua tortura e choro convulso quando o médico disse que sua doença é incurável e não há mais o que fazer.

Compreendo sua queixa de que quando faz uma coisa boa ninguém se lembra e quando faz uma coisa errada ninguém esquece.

Quando seu coração chora desesperado pelo vazio da perda, eu compreendo você. Há sentimentos fortes, dolorosos, que invadem a privacidade do seu coração, reviram-no de pernas para o ar e brincam com as emoções, com a frieza de um iceberg. O mundo pode estar em festa nos salões nobres, mas o seu titanic interior está soçobrando. Eu compreendo.

Compreendo que seu coração esteja queimando nas brasas vivas de uma paixão impossível.

Compreendo a sua mágoa profunda pela desconsideração de pessoas pelas quais tanto fez.

Compreendo o desânimo causado pela decepção amorosa. Sim, compreendo que esteja frustrado porque o Amor sobre o qual depositara todos seus sonhos doirados, explodiu nos ares, produzindo imenso buraco na alma. O que você não se deu conta é de que não são os outros que recuperarão esse rombo anímico, mas você mesmo. Se ficar esperando que a cura venha de fora, perderá muito tempo de vida em dolorosa via sacra. Mas os outros, inclusive esse livro, poderão ajudar você e incentivá-lo, com fortes motivações, a desencadear sua força autoregeneradora. Quando a pessoa está disposta a superar o problema, todas as forças do Infinito e do cosmo conspirarão a favor.

Compreendo seu momento terrível, mas ele não é sua realidade e nem seu destino.

Compreendo, meu amigo, minha amiga! Chore, que a lágrima é a água da redenção!

Compreendo sua depressão profunda, agravada pela incompreensão de seus familiares, que não acreditam no peso do seu desânimo total, xingam e mandam parar com essa apatia. Eles não sabem que sua dor é verdadeira e que a desconsideração torna mais insuportável a situação.

Há pessoas que querem acabar com o sofrimento jogando-se para fora de si através do suicídio. Pensam que, assim, escapam da dor atroz. Equívoco terrível. Não se livrarão do sofrimento. Seria o mesmo que dar mais água ao afogado para livrá-lo do afogamento.

Prosseguir para fora só agrava a situação. A libertação do desespero segue via inversa. É o caminho para dentro. O retorno a si. A cura está no reencontro consigo mesmo. Jogue-se para dentro de si, se quer sair da desgraça.

A libertação está dentro, a desgraça está fora. Exatamente porque é dentro da própria pessoa que existe a paz de espírito, a felicidade, a saúde, a harmonia, o conforto. Portanto, não se lance na correnteza, no vendaval, mas volte-se para si, porque, como revelou Jesus, o reino dos céus está dentro. Reino dos céus é seu estado de felicidade.

***

Suicídios de solidão

Se tiver vontade, leia:

"Uma coisa óbvia: ninguém se suicida por prazer. Jamais alguém entrou em estado de felicidade tão intensa que tenha resolvido acabar com essa alegria toda, dando fim à vida.

A causa dos suicídios coletivos ocorridos no Japão, em 2004, programados via Internet, segundo noticiários foi isolamento, depressão e impotência.

Isolamento tem aqui significado de solidão. Estar só não é solidão. Há incalculável número de pessoas que vivem sós e felizes. Há multidões de indivíduos que moram em grandes aglomerados humanos, até em família, e sofrem de solidão. Sofrer de solidão é estar de mal consigo mesmo. Não se suportar. Como dizia aquela piada do sujeito que tinha tanta raiva de si que fugiu de casa para não viver na sua companhia.

A solidão dói. Roberto Carlos já cantava, nos bons tempos da jovem guarda: "Eu entro no meu carro, a solidão me dói..." Há de ser triste uma pessoa sentir-se abandonada. Digo sentir-se, porque, na verdade, ninguém é um ser abandonado, extraviado, neste lindo universo de Deus. Ocorre que nós somos o que pensamos e acreditamos. O mundo exterior não é nada mais do que reflexo do mundo interior. O Mestre, na sua sabedoria, já ensinava, há dois mil anos, que "o reino dos céus está dentro de vós mesmos". Infelizmente, as pessoas buscam a felicidade fora, numa grossa conta bancária, num carro, numa casa, num emprego, num homem, numa mulher. É uma linha tão frágil de bem-estar que qualquer ventania destrói. Além disso, tudo que é situado fora, nem sempre é controlável.

Fora, existem ímpetos de felicidade, que são bons, é claro, mas não são a felicidade.Esta consiste em sentir-se bem consigo mesmo, com a humanidade, com o universo e com Deus. É estado perene.

A mulher que, segundo os jornais, suicidou-se com o dentista, assim o fez porque perdeu o emprego; perdeu o emprego porque estava deprimida ou ficou deprimida porque perdeu o emprego; criou-se condição pesada de sofrimento, cuja solução equivocada foi dar cabo da vida. O suicídio é a solução do lado avesso.

Não suportando a situação, o suicida quer fugir de si, para livrar-se do sofrimento. Mas a solução é voltar-se para si. A libertação não está lá fora, onde ele pensa que está, mas dentro de si.

A morada do amor, da felicidade, do prazer, da luz, da paz, da serenidade, da auto-estima, do alto-astral, é dentro.

Quem está bem interiormente, faz da vida uma festa, pouco importa o que tenha acontecido. Se está bem consigo, encontrará, hoje ou amanhã, a oportunidade que deseja da vida. A vida é companheira de jornada, não carrasco.

Se você está mal, lembre que ninguém colhe o que não plantou. Também, ninguém é obrigado a continuar a plantação e a colheita que trazem sofrimento. Se está na escuridão, o que precisa é de luz. A luz está dentro.

Se não tem mais vontade de ligar a tomada, peça auxílio. E a vida se tornará melhor do que nunca.Porque o reino dos céus existe nesta terra para todos e não para privilegiados.Mas o reino dos céus está dentro".

***

Agora, peço-lhe com carinho: tome o lenço e enxugue as lágrimas, porque lhe impedirão de ver as estrelas brilhando no céu.

Tudo que aconteceu continha espinhos que sangraram seu coração, mas também continha as rosas cuja beleza e perfume não pode deixar de desfrutar.

Não olhe para o chão, que você foi feito para a dimensão do cosmo.

Não fique deitado na cama, que a vida espera você lá fora.

Para cada lágrima de sofrimento você tem direito a muitas lágrimas de alegria. Cada lágrima contém o elixir da sabedoria, pois lhe ensina uma verdade.

Lembre-se da velha sabedoria que diz que não há mal que não venha para bem.

A depressão que acomete você, que rasga seu coração, que rouba suas energias, é a maneira que a Sabedoria Infinita imaginou para avisá-lo de que é imperioso mudar de atitude imediatamente, caso contrário a bola de neve se tornará uma montanha arrasadora.

O histórico do seu sofrimento é simples: no começo houve algo que lhe deixou triste; à noite, ruminou o problema e quase não dormiu; no dia seguinte, de vez em quando o fato vinha à tona e você dava corda; assim foi agindo, a tal ponto que o mal se fixou na sua mente e passou a dominar a sua vida, que inchou, supurou e desandou para o organismo; você então tornou-se sua desgraça.

A depressão não visa afundar você, mas avisá-lo drasticamente de que está na hora de mudar.O mal-estar é o sino benfazejo que toca cada vez mais alto e mais forte para acordar você.

É verdade que você está sofrendo, sua dor não é imaginária embora não mostre ferida física, mas também é verdade que você pode sobrepujar seu mal. Faça como a história do cavalo que caiu num poço e, como seu dono não conseguia tirá-lo de lá, resolveu jogar terra em cima dele para não vê-lo sofrer demais. E foi jogando pazadas e mais pazadas de terra. Quando o homem se deu conta, o animal apareceu na boca do poço e salvou-se. Simplesmente porque ia pisando em cima da terra que era lançada sobre ele. Você é mais inteligente que um cavalo. Não desista. Tenha certeza de que vai sair dessa situação. Basta um pouco de energia, criatividade e boa vontadc. Aqui você receberá esses ingredientes.

***

Reflexão

Se você está muito machucado e desnorteado, porque não obteve o reconhecimento pelo bem que fez e foi abandonado e desprezado pelas pessoas às quais deu tudo, faça essa reflexão espiritualista, que poderá derramar conforto no seu coração:

"Ele nunca se perdeu nos labirintos da insanidade humana.

Ele jamais esgotou a certeza de que a crueldade cairia por si mesma.

Ele sempre afirmou que os sofrimentos teriam fim e um belo e radiante ressurgir haveria de acontecer, numa dessas gloriosas manhãs de domingo.

E tudo sucedeu de acordo com sua convicção inabalável.

Os estudiosos ficam sentados nas esquinas universitárias a analisar se a realidade fez a convicção ou se a convicção fez a realidade. Que importa isso? Há outras considerações mais significativas.

Estou me referindo a Jesus, que sabia que ia sofrer a ignomínia da cruz, que seria injustiçado vergonhosamente, que seria abandonado pelos amigos, mas que sabia também que, depois de enfrentar essa agonia, o céu desceria sobre ele e a felicidade seria sua parceira para sempre, como nos melhores contos de fadas.

Agora pense no seu caso. Pode ser que esteja passando por transes desesperadores: seus amigos sumiram, sua própria força desapareceu, a mente está conturbada de morte e você não vislumbra saída nenhuma. Neste ponto, reside a diferença entre Ele e você. Ele nunca desacreditou de si e nem da sua capacidade de superar a desgraça. Ele foi sugado pelo turbilhão de gritos, impropérios, ameaças e agressões, mas manteve a fé inabalável de que a vitória lhe pertenceria, porque o bem, por essência, é luz e a luz, por sua própria natureza, apaga as trevas.

Será que você, nesta situação em que se encontra, é capaz de compreender a lição da cruz? Conseguiu concluir que a lição da cruz não é sexta-feira santa, mas domingo de ressur-

reição? Se você entendeu, jogará o chapéu para o alto, abrirá a sepultura da sua alma e viverá o radiante amanhecer de uma nova vida".

***

Afague e apague o passado

Não cometa o equívoco de amaldiçoar o passado.Tudo que aconteceu foi aprendizado necessário para sua caminhada feliz.

Ao invés de esbravejar contra o passado, abençoe-o.

Ao invés de revolvê-lo, despeça-se carinhosamente dele.

Ao invés de sofrer por causa dele, sorria complacente. Afinal, o passado, no fundo, é seu benfeitor. Seja o que for que tenha acontecido, será sempre luz para o seu caminho atual. Sem dúvida, a vida de hoje é tecida pelas crenças, conceitos e preconceitos que o passado lhe trouxe.

A verdade da vida é esta: tudo que lhe aconteceu, precisava ter acontecido. Se o sofrimento continua, se você prossegue tropeçando, é porque ainda não aprendeu a lição. A vida é sábia.

Não se culpe. O poeta e pensador Rabindranath Tagore escreveu: "Se fecha a porta a todos os erros, a verdade também ficará de fora". Então, meu amigo, minha querida, nada de complexo de culpa; tire o estopim da bomba e vá em frente, que a vida espera você de braços abertos. Não se estresse. Nem se penitencie.Levante a cabeça.

George Bernard Shaw foi dramaturgo, crítico e orador irlandês, (1856-1950). Desde jovem viveu em Londres. Escreveu esta idéia bem-humorada: "Nunca resistas à tentação. Prova todas as coisas e agarra-te à que for boa".

Estou citando alguns autores apenas para que você não se sinta o último dos seres humanos, por causa de fatos que o fizeram sofrer. Tudo tem sempre seu lado hilariante e positivo.

O conhecido escritor francês Alexandre Dumas escreveu esta frase, que pode levar você, neste momento, a uma benéfica reflexão:"A vida é fascinante. O que é preciso é vê-la com os óculos certos".

Você pode ter errado, mas não é um erro.

Pensando bem, não existem erros nem fracassos, mas lições que a pessoa precisava aprender. Diz a sabedoria que, no fim, tudo dá certo.Se não deu certo ainda, é porque não chegou ao fim. Significa que há pessoas que vão bater com a cabeça na parede duas, três, cinco, dez vezes, até aprenderem o ensinamento. Isto não é um mal, mas escola.

Os fracassos de Thomas Edison e de Lincoln foram fracassos ou aprendizagens? Edison disse: "Não me desencorajo, porque cada tentativa errada descartada é outro passo à frente".

Veja a história de Lincoln: *"Em 1816, sua família foi forçada a sair de sua casa; ele teve de trabalhar para sustentá-la; em 1818, sua mãe morreu; em 1831, fracassou nos negócios; em 1832, concorreu a deputado estadual e perdeu; em 1832, perdeu também o emprego; quis entrar na escola de Direito, mas não conseguiu ser admitido; em 1833, tomou dinheiro emprestado com um amigo para começar um negócio e, por volta do final do ano, estava falido; passou os dezessete anos seguintes da sua vida pagando essa dívida; em 1834, candidatou-se novamente a deputado estadual e ganhou; em 1835, estava noivo, a noiva morreu e ele ficou desolado; em 1836, teve colapso nervoso e ficou de cama durante seis meses; em 1838, foi indicado para porta-voz da Câmara Estadual e foi derrotado; em 1840, foi indicado para o Colégio Eleitoral e derrotado; em 1834, candidato ao Congresso e perdeu; em 1846, novamente candidato ao Congresso e ganhou; fez bom trabalho em Washington; em 1848, candidatou-se à reeleição para o Congresso e perdeu; em 1849, indicado para o Cartório de Registro de Imóveis em seu estado, mas foi rejeitado; em 1854, candidato ao Senado dos Estados Unidos e perdeu; em 1856, solicitou sua indicação para Vice-Presidente, na convenção nacional do seu partido e obteve menos de cem votos; em 1858, novamente candidato ao Senado e perdeu; em 1860, eleito Presidente dos Estados Unidos. Veja o que ele disse quando perdeu a eleição para o Senado: "O caminho foi difícil e escorregadio. Um dos meus pés escorregou, empurrando o outro para fora da estrada, mas eu levantei e disse a mim mesmo: "É apenas um deslize e não uma queda".* (Do livro Canja de Galinha Para a Alma, Jack Canfield e Mark Victor Hansen).

Se você desanimou ou está querendo entregar as armas e desistir, eis aí exemplos de determinação e persistência, que alguns vencedores ensinaram.

Não há bom cavaleiro que não tenha caído do cavalo. Os grandes craques de futebol erram até pênaltis decisivos.

Qualquer circunstância da vida sempre oferece colheita de grande valor. É o que ensina esta mensagem de muita sabedoria:

"Se não houver frutos - valeu a beleza das flores.

Se não houver flores - valeu a sombra das folhas.

Se não houver folhas - valeu a intenção da semente".

Dizem que o único meio de evitar erros é adquirindo experiência e que a única maneira de adquirir experiência é cometendo erros. Portanto, nada de negativismo e depressão.

O otimista vê em cada calamidade uma oportunidade; o pessimista vê em cada oportunidade uma calamidade.

Encare os fatos tranqüilamente, que todos eles brindam você com algo positivo.

Os outros erraram e cometeram injustiça contra você? Olhe para além do erro e encontrará sempre uma bela mensagem primorosa e importante, de conteúdo altamente benéfico.

Martin Wanbee recomendou: "Aprenda com os erros alheios. Não viverá o bastante para cometer todos os erros". Tem aquele que dizia: "Por que repetir sempre velhos erros, quando há tantos erros novos para praticar?"

Li, certa vez, de Tallulah Bankhead, esta frase pitoresca: "Se pudesse voltar à juventude, cometeria todos aqueles erros de novo, só que mais cedo". Então, meu amigo, minha amiga, não leve a vida muito a sério.

Na última vez que estive em Sobreiro, Portugal, chamou-me a atenção a legenda de um azulejo: "Goza a vida enquanto estás vivo, porque vais estar muito tempo morto". Já que estamos descontraindo, deixo-lhe esta frase, que li não sei onde: "Não leve a vida muito a sério; ninguém vai sair vivo na mesma".

No outro dia, li, do conhecido escritor irlandês Oscar Wilde:"A vida é importante demais para ser levada a sério".

Pois bem, sorria para a vida; ela está acenando alegremente para você e convidando a usufruí-la. Não espere ser feliz no dia em que se aposentar. Martial alertava: "A vida de amanhã é tarde demais. Viva hoje".

Repare esta frase engraçada de Joy Sommers: "A vida é curta: coma a sobremesa primeiro". Tudo isso quer dizer-lhe para não perder tempo no cozimento da sua desgraça e depressão.

Não se demore demais na dependência dos estimulantes, calmantes e euforizantes. Use a ponte, mas não fixe nela a sua moradia.

Borracha no passado

Agora, a grande notícia: tudo que fez você sofrer, decepcionar-se, chorar, desanimar, perder, desistir, revoltar-se, agredir, magoar-se - é passado. Se é passado, não existe. O grande problema das pessoas não é cair em erro, é ficarem travadas no erro. Estresse, depressão, doença, são conseqüências dessa atitude.

Ninguém é condenado a carregar o passado.

Só há um único grupo de pessoas que jamais cometerão erro algum: os mortos. Não é o seu caso, suponho.

Seja inteligente: descarregue seu fardo,

pois é inútil e só faz você sofrer. Jogue fora o lixo. A desgraça aconteceu, mas já não existe mais. Não desperdice energias à toa.

Não olhe para trás, como a mulher de Lot, em Sodoma e Gomorra, senão você pode virar estátua de sal de tanto chorar.

Quanto mais você vivencia, sofre e relembra seus males, com mais intensidade os gravará no cérebro e no subconsciente. Tudo o que o subconsciente aceitar como verdade, seja bom, ruim, maravilhoso, benéfico, saudável, mau, prejudicial, doentio, depressivo, estressante, buscará seus próprios caminhos para tornar realidade.

É bom saber que a mente subconsciente não faz julgamento de valores; seu papel é apenas executar os conteúdos mentais recebidos. O cérebro também não discute e nem avalia as ordens que recebe; simplesmente reage de acordo. Esta é a razão pela qual tanta gente nunca chega ao fim de tratamento psicológico, psiquiátrico ou médico.

Sei que você tem dificuldade de admitir que pode esquecer seus males. Talvez esteja resmungando, do alto da sua cultura e experiência:

- Esquecer?! Como?! Não depende de mim!

É o que muitos pensam. Mas, há métodos para libertar-se da memória de acontecimentos infelizes e desativar a programação cerebral que os mantêm fortes e redivivos. Acima, você teve algumas idéias. Mas, veja o que a ciência já descobriu e comprovou.

Diz publicação do New York Times:

"Memórias indesejadas podem ser afastadas da consciência. Um grupo de pesquisadores identificou um circuito cerebral que entra em ação quando as pessoas tentam deliberadamente esquecer alguma coisa. A descoberta, publicada recentemente na revista SCIENCE, reforça a teoria de que lembranças dolorosas podem ser reprimidas ao serem relegadas ao subconsciente. No estudo, foi pedido a algumas pessoas que memorizassem duas palavras. Depois, uma delas foi mostrada ao grupo e foi solicitado que tentassem lembrar da segunda palavra ou que evitassem pensar nela conscientemente.

As imagens cerebrais mostraram que o hipocampo, área geralmente ativada no resgate de memórias, ficou inativo quando tentavam esquecer a palavra. Mas, outra região, o córtex pré-frontal, associada à inibição motora, mostrou atividade intensa.

Os cientistas também descobriram que quando era pedido às pessoas para que evitassem pensar em uma palavra, mais difícil era para o grupo lembrar da mesma palavra mais tarde.

Michael Anderson, prof. de Neurociências Cognitivas da Universidade do Oregon e autor principal do estudo, explica:

- Isso sugere uma base neurológica sobre como as pessoas podem realmente tirar qualquer coisa da cabeça. Sem dúvida, estamos lidando com algo importante para pessoas que sobreviveram a traumas e descobrem que as lembranças se tornam cada vez menos problemáticas com o passar do tempo.

Segundo Anderson, a supressão contínua de memórias poderia afastar as más lembranças da consciência. Dessa forma, seria possível prever como as pessoas esqueceriam palavras segundo o nível de ação do córtex pré-frontal. Para ele, isto explicaria porque a tendência de lembrar-se de algo muito ruim é reduzida com o tempo.(Zero Hora, 28.02.2004).

Percebeu que a até a ciência lhe garante que pode esquecer os males e livrar-se do pesadelo? Há um velho ditado que diz assim: "O amor faz passar o tempo e o tempo faz passar o amor".

Primeiramente, avise sua mente que não quer mais permanecer com este fato na cabeça. Alinhe as razões pelas quais tomou esta decisão. Convença-se. A dificuldade de se libertar dos males é gerada pelo complexo de culpa, que foi incutido fortemente pela religião. Esta nos joga na cara até mesmo o pecado de Adão e Eva, dizendo que nos sobrou a marca do "pecado original". Além disso, quase todos os rituais retornam diariamente ao tema da culpa, do perdão, do castigo, gerando medos e obrigações. Desmerecem a situação humana como se o homem fosse um traste incapaz de ser bom e feliz.

Há certas crenças que penduram a espada de Dâmocles sobre a cabeça do cristão, deixando-o inquieto e escrupuloso. Nunca esqueça que você é filho de Deus, maravilha da Criação, uno com a divindade, feliz por natureza, vivendo nesse lindo paraíso terrestre e não num planeta de expiação.

Não aceite crenças negativas e pejorativas. Não faça viagens de remorso, nem viagens para o passado. Prefira viajar para a alegria de viver, para o amor, para o shoping, para a cidade vizinha, para o estádio de futebol...

Nos anos 540 a 480 antes de Cristo, viveu um filósofo grego chamado Heráclito de Éfeso. Entre seus escritos, consta esta afirmação: "Nenhum homem consegue entrar duas vezes no mesmo rio. Da segunda vez, não é mais o mesmo homem e nem o mesmo rio".

Aí está uma tirada filosófica muito verdadeira, que passa despercebida pela maior parte da humanidade.

Talvez você se considere uma honrosa exceção, afirmando que isso já sabia desde o tempo da vovó. Vá que seja. Então, bem-aventurado é você, homem ou mulher, cuja lucidez transcende ao comum dos pobres mortais.

O que disse esse homem, que viveu há mais de dois mil anos, é o seguinte: todas as coisas, boas ou ruins, que aconteceram a você, não existem mais.

Qualquer problema ou sofrimento, em razão do qual você agora esteja abatido, raivoso, decepcionado ou deprimido, já passou como as águas do rio. Não existe mais.

Assim como você não consegue banhar-se de novo nas mesmas águas de um rio, porque essas águas, nas quais banhou-se, já se foram, da mesma forma o fato gerador do seu mal-estar já não existe mais, pertence ao ontem e o ontem jamais estará ao seu alcance. Sumiu para nunca mais. O rio, no qual você está nadando agora, é outro, são outras águas. Jamais a mesma chuva e a mesma trovoada cairão no mesmo lugar. Pode acontecer outra tempestade, nunca a mesma.

Você também já não é mais o mesmo. Talvez esteja chorando as mágoas de um acontecimento do mês passado, do ano passado, ou esteja traumatizado com algo da infância, do dia do casamento, mas este indivíduo não existe mais: você só existe agora. Sua mágoa não tem cabimento, porque a causa não existe mais, é coisa do passado; você já não é a mesma pessoa; o ofensor também não é o mesmo.

A aplicação da sabedoria de Heráclito acabaria com todas as depressões do mundo. A não ser que alguém fosse masoquista, dado ao prazer do sofrimento, se é que sofrimento possa causar prazer.

A sabedoria popular também consagrou essa

verdade, insistindo que "chorar o mal feito não traz proveito".

Tempos atrás, recebi, pela Internet, uma história, mais ou menos assim: Com a morte do guardião de um mosteiro zen-budista, o Mestre reuniu os discípulos para ver quem assumiria o cargo deixado pelo falecido. Tranqüilamente, colocou uma bela mesa no centro da grande sala e sobre ela um esplêndido vaso de alabastro muito raro, adornado por uma rosa de extraordinária beleza.

Então, disse apenas:

- Aqui está o problema.

Todos ficaram pensando no significado do vaso e da flor de incomparável beleza. Onde estaria o problema? Que queria o Mestre dizer? Qual seria o enigma?

De repente, um discípulo dirigiu-se à mesa, sacou a espada, olhou para o Mestre, para os companheiros e zapt... destruiu tudo num golpe único e certeiro. Tão logo retornou ao lugar, o Mestre falou:

- Você é o novo guardião.

Não importa se o problema é algo lindíssimo, caro, raro: se for problema, precisa ser eliminado. Um problema é um problema, quer se trate de negócio, casa, mulher sensacional, homem maravilhoso ou um grande Amor que já acabou. Espadaço nele. No bom sentido.

Agora que se convenceu, determine que o sofrimento e a lembrança do episódio devem ir embora e não perturbar mais. Espadaço neles.

A seguir, relaxe e faça uma breve regressão de memória: lembre um fato - contrário ao que lhe trouxe sofrimentos - que lhe tenha propiciado imensa alegria e felicidade; um fato da sua vida que tenha provocado uma explosão de prazer e que tenha sido inolvidável.Tome mentalmente a energia positiva desse fato e jogue em cima da energia negativa do acontecimento sofrido. A luz intensa da alegria, do prazer e da felicidade concentrada nos neurônios cerebrais, ou, se quiser, essa carga elétrica benfazeja desfaz o foco emocional negativo, que é apagado e substituído pela energia positiva.

Pronto, agora ocupe sua mente com outra coisa. Desvie a atenção para outros interesses; assim, manterá esvaziado e desativado o circuito cerebral que revivia as más lembranças.

O Dr. David Spiegel, professor especialista da disciplina de Psiquiatria e Ciências do

Comportamento, da Escola de Medicina de Stanford, disse que buscar pensamentos diferentes é o primeiro passo para esquecer algo que não se quer lembrar. Segundo ele, o estudo confirma a noção de que as pessoas conseguem suprimir lembranças traumáticas.

Depois disto, tudo está em persistir nesse caminho.

Você nasceu para ser vencedor. Perca a batalha, mas não perca a guerra.

Veja o exemplo do rio. Ele segue tranqüilamente seu caminho, altaneiro, borbulhando de alegria, refletindo prazerosamente o brilho do sol e carregando em seu bojo sonhos de luar; até que, de repente, surge uma cascata e as águas despencam estrondosamente, chocando-se contra as rochas, estourando em convulsão alucinada, mas, superada a crise, continua ele seu destino serenamente, sem traumas e recuos. O rio nunca volta para trás. E nunca deixa de chegar ao destino. Porque aprendeu a superar e a contornar os obstáculos. Se encontrar barreira intransponível, concentra-se em si mesmo, avoluma-se, cresce, sobe, até sobrepujar o problema e prosseguir sua jornada.

A diferença entre vencedor e perdedor, é

que este diz não, o outro diz sim.

Uma praia é feita da soma de minúsculos grãos de areia; uma caminhada de cem quilômetros é feita passo a passo. Então, ponha a lanterna na escuridão, vislumbre o caminho e dê apenas o primeiro passo... depois outro, mais outro e, pronto, você começou a ser um vencedor.

Tudo tem solução. Na verdade só existe o problema porque existe a solução. Seja otimista.

Certa vez, um súdito foi condenado à forca pelo rei. Buscando salvar a pele, o homem chegou ao rei e propôs ensinar o cavalo real a voar se o soberano lhe poupasse a vida. O rei concordou e deu-lhe um ano de prazo. Se nesse período não cumprisse o prometido, iria para a forca. De volta para casa, o amigo do desafortunado, recriminou-o:

- Por que fez essa proposta ao rei? Você sabe que não adiantará nada postergar a condenação. Para que prolongar o sofrimento? Acabe tudo de uma vez e pare de sofrer à toa.

O condenado rechaçou a idéia do amigo:

- Nada disso! Durante esse ano, eu tenho quatro chances: primeiro, o rei pode morrer; segundo, o cavalo pode morrer; terceiro, eu posso morrer; quarto, de repente poderei fazer o cavalo voar.

Esqueça a teoria dos impossíveis, proclamada em prosa e verso por aqueles que só enxergam a ponta do nariz. Há pessoas que, quando alguém aponta para as estrelas, só olha o dedo.

Certa professora dizia para os alunos, na sala de aula, que sonhar é bom, mas é importante ter os pés no chão e saber que há muita coisa impossível. É assim que se cultivam mentes medíocres, que desanimam diante de qualquer dificuldade. Quantos talentos e invenções deixaram de acontecer porque pararam diante de algum obstáculo, dizendo: "Isto não é para mim!"

É bom saber que, por trás de cada invenção, sempre havia alguém gritando:"É impossível!"

Talvez você esteja frustrado, apático, porque lhe disseram que era incapaz de realizar o que pretendia. Quem sabe, até, tenham ridicularizado seus sonhos. Pode ser que mentes inferiores tenham chamado você de idiota por se meter a projetar e construir um aparelho qualquer.

Quando Cristóvão Colombo apresentou

aos reis Fernando e Isabel, de Espanha, seu plano para uma projetada viagem à Índia, dando a volta pelo mar, em 1490, um grupo de sábios apresentou seis "sólidos" motivos que comprovavam que o plano era irrealizável e proclamaram alto e bom som:"Tantos séculos após a Criação, é inverossímil que alguém possa descobrir terras ainda desconhecidas".

Conta Mansour Chalitta que "quando o primeiro navio de ferro ia ser construído na Inglaterra, em 1780, os especialistas declararam que o ferro era pesado demais para flutuar e que também faria desviar a agulha do compasso". A ciência descobriu a solução. E a ciência de hoje prossegue encontrando respostas para os impossíveis de ontem.

Quando o homem queria inventar um aparato para voar, houve os que recriminaram: "Se Deus tivesse feito o homem para voar, ter-lhe-ia dado asas!"

Olhe para si, para suas potencialidades, para sua capacidade, para seus dons, para sua força de realização – e faça.

Aprenda com essas frases:

"Eu gostaria"– nunca fez nada.

"Eu tentarei" - fez muitas coisas.

"Eu farei" – fez milagres.

Li, há algum tempo, a história de uma inglesa naturalizada brasileira, de 69 anos, chamada Jean Lira. Em 1981, ela descobriu que estava com melanoma, um dos tipos mais agressivos de câncer de pele. Passado o choque, o abatimento e o corre-corre atrás de exames, médicos e diagnósticos, ela voltou a si e percebeu que não estava vivendo como queria.

Disse então: "Decidi que ia ser o mais feliz que podia dentro de tempo que tinha!"

Voltou a trabalhar, a estudar, fez-se voluntária do Instituto Nacional do Câncer e passou a aproveitar bem e prazerosamente seus dias.

Vinte anos depois, curada do câncer de pele e de mama, Jean está satisfeita com sua caminhada.

Comentou: "A vontade de fazer coisas positivas aumentou e ficou inevitável ser feliz!"

Resumindo:

Você não negou a realidade do seu sofrimento, mas compreendeu que você não é o seu sofrimento. Este é um episódio. Você é maior do que seu sofrimento. Ele é apenas um encosto, um fantasma sobrevivente de qualquer fato da sua vida.

Você aprendeu que tudo que acontece sempre encerra lição positiva, por isso é benéfico.

Você reconheceu que deve ocupar esse vazio existencial, criando idéias, desejos, sonhos, verdades superiores otimistas.

Você, por fim, *concluiu que é necessário persistir na caminhada benfazeja. A persistência cria o hábito e este torna tudo fácil. Jesus já dizia: "Batei e abrir-se-vos-á". Lembre aquele velho ditado: "Até uma mentira repetida várias vezes se torna verdade". Ou seja, toda idéia nova, repetida muitas vezes, será aceita pelo subconsciente e pelo cérebro e acaba acontecendo.*

*T*erapia do autoperdão

O que você necessita, antes e acima de tudo, é apagar os sofrimentos e suas causas, pois, caso contrário, ficará submerso em conflitos internos que sugarão muita energia e impedirão sua evolução.

Vamos reforçar sua autolibertação aplicando o método ensinado pelo maior sábio que pisou este planeta. É método, remédio e cura, ao mesmo tempo.

Foi inventado por Jesus. A terapia do perdão.

Perdoar, segundo o Mestre, é simplesmente mandar embora os males que existem na sua mente, no seu coração, no seu corpo e na sua vida. Essa é a melhor e mais rápida terapia.

Foi feita pesquisa por cientistas da medicina sobre o perdão e descobriram que é muito benéfico para a saúde. Inclusive, descobriram que os homens perdoam mais que as mulheres e também concluíram que as mulheres que não perdoam vivem mais ansiosas. Será verdade?

Penso que a atitude que leva ao perdão,

além de ser gesto de boa vontade e tolerância, é principalmente questão de inteligência, pois o não-perdão adoece a pessoa, estressa, rompe a ponte que liga ao outro, supura o coração, enfraquece o sistema imunológico e produz a mágoa, que é matéria-prima do câncer. Tanto o homem quanto a mulher têm inteligência suficiente para perceber a vantagem do perdão.

Quem não perdoa a si e aos erros dos outros está cometendo sério atentado contra a própria saúde física, mental, emocional e espiritual.

Dê agora mesmo o primeiro passo de autolibertação: perdoe-se e perdoe. Não há outro caminho. Ou acha você que é possível aliviar o corpo sem descarregar a carga? Já viu alguém emagrecer continuando a comer da mesma forma? Não seja como um amigo meu que se exclamava: "Ah, meu Deus, como sou infeliz, duplamente infeliz: não posso deixar de comer e não posso continuar comendo!"

Não seja duro consigo mesmo e nem intolerante com os outros. Deixe que seu bom coração se manifeste.

Diga para si mesmo: *"Tudo bem, recolhi os ensinamentos deste episódio, então me des-*

peço dele. Não necessito mais dele. Deixo-o livre para ir embora e fico livre para seguir o meu caminho. Assim é agora e sempre!"

Escreva num papel o seu mal, seu sofrimento, sua triste história, agradeça a mensagem positiva e o ensinamento que lhe trouxe, despeça-se dele, e, então, queime-o. Este ritual transmitirá ao subconsciente e ao cérebro a verdade definitiva de que o mal não existe mais.

Segundo passo

RETOMADA DA VIDA

A verdadeira
filosofia é reaprender
a ver o mundo.

MERLEAU-PONTY, filósofo

Recomeço

O pesadelo acabou. A tempestade cedeu lugar a um lindo dia de sol, cujo calor inunda seu coração, produzindo frêmitos prazerosos.

Acorde. Abra os olhos. Este é seu momento vital.

Dia primeiro do novo calendário existencial.

A vida! Que maravilha! Está aí diante de você, aberta como as porta de um paraíso. Está aí como presente de Deus, num belo pacote enfeitado, que neste momento você vai abri-lo para desfrutar o regalo divino. Muitos passam a vida sem sequer abrir o presente e morrem se queixando da dureza e insensibilidade divina.

Que fará você com essa dádiva?

Você está abrindo as portas da vida. Primeiro dia. O resto não conta.

Que importa o inverno se a primavera chegou?

Antes de tudo, cabe-lhe comemorar a libertação. Atravessou o mar vermelho rumo à sua terra prometida. Cada ser humano tem sua terra prometida, o lugar no universo em que viverá sua missão de felicidade e prosperidade.

Celebre esse dia.Você merece. É o grande herói de si mesmo. Palmas para você. O universo está aplaudindo. O Criador está festejando a grande virada positiva desta sua criatura.

Esta é a hora de contemplar a beleza e o milagre da nova vida. Hora de vislumbrar os prazeres e a felicidade que estão aí à sua espera.

Pergunte-se carinhosamente:

"Que sentido tem minha existência?

O que teria levado o Criador a me imaginar e colocar-me neste planeta, exatamente neste momento da história humana? Por que razão estou existindo aqui e agora e não na Idade Média ou daqui a quinhentos anos?"

Você é criatura e o Criador teve um desígnio ao colocá-lo neste planeta Terra, vivendo aqui e agora.

Você foi pensado, imaginado e desejado pelo Infinito. É claro que o mundo seguiria adiante se você não existisse. Sua inexistência não atrapalharia a ordem cósmica. Mas, se o Criador resolveu dar-lhe vida, foi porque, a partir daquele instante, se tornaria importante e necessário.

O Infinito desejou sua existência, isso já é digno de comemoração. Nada acontece por acaso.

Mas, com certeza, o projeto divino não era de uma pessoa azarada, sofrida, cansada da vida, frustrada, desanimada, deprimida, sem vontade, decaída. De forma alguma. Uma pessoa assim não teria sentido.

- Onde está escrito o desígnio do Infinito? – poderá perguntar você.

- No seu íntimo.

A viagem de autodescoberta, portanto, é para dentro.

A retomada da vida é para dentro.

Buscar lá fora o que está dentro foi o catastrófico equívoco milenar da humanidade.

Chegar lá dentro é atingir a intrinsecidade, o âmago, a essência, a dimensão mais alta.

Nesta viagem introspectiva, você atravessa correntezas, abismos, porões, lixeiras, neuroses, esquizofrenias, traumas, fracassos, hábitos, obsessões, e alcança a região da paz, do amor, da felicidade, da harmonia, da abundância, da saúde, do prazer, do bem-estar. É assim que você retomará a vida com fé e entusiasmo, nada importando o que tenha acontecido de desastroso no passado.

Atingir essa dimensão interior não é criar algo novo; é voltar à sua verdadeira realidade. É retornar ao lar, como aconteceu com o filho pródigo.

Com poucas pessoas acontece esse fenômeno, porque se fecham no seu casulo obscuro e pedem para morrer.

Com você está ocorrendo a libertação do buraco negro, dos sofrimentos, desgraças, falências, depressões e qualquer tipo de miséria, porque penetrou a região interior da Luz.

A cura, na verdade, é o retorno à essência.

Você abriu os olhos, abriu as janelas, abriu as portas e deixou-se inundar da claridade da vida.

Acabou de realizar um feito notável. Tão grandioso quanto a escalada do Everest.

Só quem já viveu seu drama e amargou esse tipo de sofrimento pode avaliar o tamanho do seu heroísmo ao romper a barreira da inanição e arrancar do fundo da alma as forças que lhe colocam de pé, com a vontade de começar nova vida.

Contaram-me, certa vez, a história de um

camelinho que se voltou para a mãe camela e perguntou:

- Por que temos corcovas?

A mãe explicou:

- Porque somos animais do deserto e nas corcovas guardamos a água para as longas e áridas travessias.

- E por que temos pernas tão compridas? – voltou a indagar o filhote.

- Para afastar o corpo do calor das areias quentes do deserto.

- E por que temos patas largas?

- Para firmarmos o pé na fofura das areias do deserto.

- E por que temos cílios grandes diante dos olhos? – quis saber o camelinho curioso.

- Para nos proteger dos ventos e da poeira do deserto.

- Mas então – ponderou o camelinho – se fomos feitos para o deserto, que estamos fazendo aqui no zoológico?

Pois bem, se você foi feito para a felicidade, a abundância, o bem-estar e o amor, o que é que está fazendo nesse mundo de sofrimentos, misérias e fracassos?

Por que haveria de carregar consigo desgraças e negativismos? Saia do zoológico humano. Entre no seu paraíso libertário.

Descarte definitivamente a idéia de gata borralheira, de corcunda de notredame, de perdiz extraviada no campo.

Originário da Suprema Felicidade, você tem o DNA da felicidade, nasceu feliz para ser feliz. Não rejeite essa verdade, nunca, por mais que os negativos e pessimistas queiram contestála. No sétimo passo, falaremos sobre isso.

Sempre haverá pessoas, algumas até sentadas em alto trono literário, que negarão sua capacidade de sair da desgraça e profetizarão sua queda iminente. Que essa atitude não seja uma paulada no seu ânimo e sim motivo a mais para você mostrar que pode!

Mesmo que escorregue aqui e ali, levante e vá em frente, que a vida e a vitória esperam você de braços abertos. Muitos puderam, você também pode.

O fato de alguém usar óculos, ter um calhamaço nas mãos e falar de uma cátedra, não significa que daí sempre saiam verdades. Diploma na parede não encurta as orelhas e nem é paradigma da ciência e da verdade.

Richard Wooslsey, astrônomo oficial do

Governo Britânico, em 1956 disse: "As viagens espaciais são mera bobagem".

Robert Millikan, prêmio Nobel, 1923, afirmou: "Não há perspectiva alguma de que o homem chegue um dia a aproveitar a energia do átomo. A inconsistente suposição de que passaremos a explorar a energia atômica quando nosso carvão tiver sido esgotado, é um sonho utópico que nada tem a ver com a ciência; é um conto de fadas para crianças".

William Thomson, que foi presidente da Royal Society, de 1890 a 1895, assim pontificou: "O rádio não tem futuro".

Sobre a televisão incipiente, manifestou-se, em 1948, Mary Somerville, pioneira da educação pelo rádio nos EUA: "A televisão não durará. É um lampejo passageiro".

Digam os outros o que disserem sobre sua pessoa, jamais apagarão a verdade de que você é da dimensão do Infinito.

Mesmo que o ser humano viva dentro de um forno, nem por isso será pão.

Mesmo que durante algum tempo você tenha mergulhado na desgraça, nem por isso é um desgraçado. Uma situação não altera a essência. Você continua filho de Deus, maravilha do universo, filho das estrelas, autor do seu destino.

Então, levante-se. Este é seu grande dia. O primeiro do melhor da sua vida.

Agora você tem consciência de que está iniciando nova vida. Ela não está no alto de uma montanha, nem no caminho de Santiago de Compostela ou no pico do Everest. Sua caminhada começa em você e vai para dentro de si.

Você é maior que as drogas

Sua nova vida é você, aqui e agora. Porque agora você está aqui. Sua vida está onde você estiver. Em vão procura-la-á onde você não estiver.

Escreveu o filósofo Merleau-Ponty:"A verdadeira filosofia é reaprender a ver o mundo".

Se você caiu no submundo das drogas, sei que o fez com a intenção de livrar-se das ansiedades, tensões, tristezas, incompreensões;

sei que o fez com a vontade de encontrar uma fonte de prazer e de auto-afirmação.

No início do consumo de drogas, você era estimulado, elogiado como herói no meio de um mundo brega e quadrado. Depois, aconteceu o que tinha que acontecer: você naufragou; ou está prestes a soçobrar.

Tudo bem, errar é humano. Agora, desesperado em cima de um barco furado, você clama por ajuda. O barco está afundando e a maioria dos ex-amigos o deixaram à própria sorte. Mas, a coisa mais inteligente que você fez foi gritar por socorro. Era o grito que faltava para ser salvo. Sem esse brado, estaria perdido, morreria afogado. Você gritou, pediu ajuda. Essa foi a grande tacada da sua vida. Esse momento foi o divisor de águas. Ultrapassou a fronteira da morte e alcançou o patamar da vida. Merece uma festa do tamanho daquela que Jesus conta na história do retorno do filho pródigo.

Há festa na sua casa e entre seus amigos. Há festa na humanidade, porque sua desgraça era a desgraça de uma parte da humanidade.

Você será vitorioso sobre três belas batalhas: da dependência da droga; da desistência de lutar e da incredulidade das pessoas.

A grande vitória da sua consagração triunfante é esta que está fazendo sobre sua dependência.

Mesmo que o inimigo pareça insuperável, lembre que o franzino David venceu o gigante Golias. A força está dentro. É sua palavra criadora.

Você encontrará pessoas más que querem sua caveira; mostre que está acima dos agourentos.

Há pessoas boas que não acreditam na sua recuperação; mostre sua força interior.

Há pessoas estudadas que insistem que você agora não tem mais saída; mostre que pode quem pensa que pode.

Eu acredito em você, sem qualquer resquício de dúvida. Você e o Deus que habita seu íntimo, e que é sempre sua resposta, são a força todo-poderosa contra a qual nada nem ninguém pode.

Faça como o grande general Aníbal, ao atravessar os Pirineus. Aníbal, general cartaginês, foi considerado um dos grandes gênios militares da Antiguidade.Viveu de 247 a 183ac. Decidido a invadir a Itália e tomar Roma, reuniu um exército de 90 mil infantes, 12 mil cavaleiros e

37 elefantes; cruzou os Pirineus, a Gália Meridional e atravessou os Alpes, perdendo, nessa façanha, grande número de soldados e elefantes. Bradou ele, valorosamente, aos seus soldados: ***"Ou nós encontramos um caminho ou abriremos um".***

Seja você também decidido, forte, valente, como Aníbal. Se não existir caminho, ou estiver bloqueado, abra um.

Conheci pessoas que saíram da miséria; outras que se libertaram da droga e são felizes; outras mais que venceram doenças consideradas incuráveis; outras, ainda, que fizeram viagens inimagináveis.

O ser humano determina seu próprio limite. Só pode ser vencido por ele mesmo. Ora, ser vencedor de si mesmo não é tão difícil como se pensa. É só dizer não para o que não quer e dizer sim para o que deseja.

Jamais imagine que o obstáculo é maior do que você. Siga o exemplo daquele homem que, não sabendo que era impossível, foi lá e fez.

São Francisco de Assis, (1182-1226), disse, certa vez: "Comece fazendo o que é necessário, depois o que é possível e, de repente, você estará fazendo o impossível".

Não fique pensando na luta que travará durante toda vida. Basta que seja vencedor agora. Isso é o que importa. A vida é feita de agoras.Como dizia o sábio Lao-tse: “A viagem de milhares de quilômetros começa com o primeiro passo”.

Sempre que vai fazer alguma coisa, imagine que é fácil, pois, se julgar difícil, o subconsciente e o cérebro cumprirão seu pensamento.

Há coisas que deve fazer e faz todos os dias, várias vezes por dia, sem falhar um dia sequer, e acha fácil, como comer, beber, vestir-se, tomar banho, pentear-se, ler, ver televisão, conversar. Por que deve achar que deixar a droga será difícil? O hábito positivo será seu companheiro de grande valia. Só de pensar nos resultados benéficos para sua vida, vale a pena se dedicar a essa empreitada grandiosa.

A sua alegria de ser vencedor e dono de si; a alegria imensa dos pais e irmãos; o retorno ao convívio de bons amigos; a participação nos encontros familiares de cabeça erguida; a ótima perspectiva de vida e de sucesso; o coração aberto para o amor e para solidificar a vida num belo casamento - são irresistível motivação para seguir nessa caminhada libertadora.

Num belo dia, estavam duas crianças brincando de patinação num lago congelado, quando, de repente, a crosta de gelo se abriu e uma criança caiu nas águas geladas. A outra criança lutou, lutou, até que conseguiu salvar o companheiro. Apareceu um homem e, ao ver o que aconteceu, exclamou assombrado: "Como é que você conseguiu retirar o companheiro das águas geladas?!

Um velhinho, que vinha chegando, deu a resposta: "Porque não havia nenhum adulto para dizer-lhe que era impossível!"

Confie em si, na ajuda do Alto, na Força Infinita do Deus que habita seu íntimo - e vá em frente. Querer é poder.

Imagine-se livre, vitorioso, saudável, vigoroso, iniciando vida nova, amando, prosperando, compartilhando alegrias com as pessoas. A imaginação é a força mais poderosa que você pode desencadear, porque tanto o subconsciente quanto o cérebro não distinguem entre imagem e realidade. E fazem da imagem a realidade.

Imaginar é ser.

Terceiro passo

DESENGAVETE SEUS PROJETOS

Se você pode sonhar,
Você pode realizar.

WALT DISNEY

Busque seu objetivo

Você compreendeu *seu sofrimento, libertou-se do passado, descobriu a sua grandeza, buscou sua dimensão mais alta trilhando a via de dentro para dentro. Agora está pronto para realizar seus sonhos. Vestirá a armadura da fé e marchará para fora, em busca da sua auto-realização.*

Não basta esvaziar o sofrimento e encontrar a região paradisíaca da paz de espírito e da felicidade. Isto é fundamental, sem dúvida. Mas, é também necessário encetar a caminhada. Barco parado não ganha frete. Você não nasceu para ser poste de cerca e nem para ficar sentado à beira da estrada vendo o mundo passar.

Que quer você da vida?

Shakespeare dizia que nós somos feitos dos tecidos de que são feitos nossos sonhos.

Qual é o seu sonho para a nova etapa que agora começa?

Que vai escrever neste capítulo do seu livro existencial?

Se não sabe para onde vai, não chegará aonde quer.

Não faça como Cristóvão Colombo que quando saiu não sabia para onde ia e quando chegou não sabia onde estava.

Para dar a volta por cima, é mister determinar onde fica a parte de cima. Isto não significa que deva responder agora a esta questão. Calma. O mundo não foi feito num dia.

Para onde vai?

Qual é o seu objetivo?

Como explicava o filósofo Sêneca, se o homem não sabe a que porto se dirige, nenhum vento lhe será favorável.

Se você não sabe o que quer, não saberá para onde vai. Se não sabe para onde vai, não chegará lá.

À primeira vista, tomado de surpresa, talvez você não tenha idéia do que quer da vida. Mas, com certeza, existe algum projeto engavetado. Liberte seus sonhos de outrora.

Até mesmo o projeto que não deu em nada, se é este seu sonho, repense-o agora.

Desistiu daquela meta cuja escalada o

conduziu ao sofrimento? Desistiu por quê? Foi a subida que lhe provocou a queda ou um degrau mal pisado?

Seus desejos hoje são outros ou tem medo de voltar a enfrentar a estrada?

Se é este seu sonho, ainda que tenha caído este é seu caminho. Aproveite as lições que lhe trouxe e retome-o com mais segurança e coragem.

Conhece você alguém que nunca tenha levado um tombo? Só não caiu ou não errou quem nunca fez nada. Mesmo assim, se nunca fez nada, errou.

O famoso cientista Albert Einstein disse: "Eu prefiro ser um otimista e estar errado a ser um pessimista e estar certo".

Lembre-se da velha sabedoria: "Não são os fatos que fazem a vida de uma pessoa, mas sim a interpretação que é dada aos fatos".

Para reforçar essa verdade, cito Fritjof Capra: "O modo como vemos as coisas determina como reagimos, criamos e construímos".

Com certeza, você já se deu conta de que o passado só tem valor enquanto ensinamento benéfico para a vida.

O fracasso, reconheça, não foi fracasso,

mas percurso que a pessoa precisava fazer para poder encontrar o caminho do sucesso e do progresso.

Inúmeras pessoas tropeçaram nas pedras do caminho, caíram, levaram fortes esfoladas, mas esta experiência as levou a não cometer a mesma imprevidência, de tal forma que, graças ao aprendizado, puderam chegar com êxito ao destino.

Quanto a você, é fundamental que determine se o seu projeto interrompido é e continua sendo realmente o seu objetivo, a sua verdade, a sua busca, o seu ideal. Se for, ponha o boné e siga nessa direção que, dessa vez, chegará a bom termo.

Se o desejo mais maduro e mais motivado estiver em outro projeto, siga pelo rastro do seu entusiasmo. Onde há entusiasmo, há sucesso.

Não leve adiante uma meta apenas porque acha possível ou porque outros gostam dela. Não adianta querer fazer uma cruza de cavalo com vaca: não puxa carroça e nem dá leite.

O ponto número um do sucesso é fazer o que gosta. Opte por aquilo que move os seus brios, sua fé e sua motivação. Nada mais benfazejo que realizar empreitada prazerosa. Essas forças não cederão diante de obstáculos e, ao fim e ao cabo, você será vencedor.

Não faça como aquele que queria ser profissional de futebol, mas detestava jogar. Faltava a treinamentos, jogava de má vontade, não assimilava as instruções, descurava o preparo físico, fugia para noitadas prejudiciais. Resultado: não teve êxito nem na várzea e jamais ganhou o que imaginava.

Conheci um homem que já mudou de ramo de negócio três vezes e fracassou nas três tentativas. Ele ficava vasculhando as lojas que mais vendiam e colocava uma igual. Não abria uma empresa que significasse a maneira pela qual sentisse prazer em servir. Seu critério era entrar no ramo de quem, no momento, ganhava mais.

Ganhar é resultado de serviço prestado. Serviço prestado é resultado de conhecimento, interesse, entusiasmo e fé.

Acredite em si e realize seu dom maior. Ganhará sempre.

Louis Pasteur, (1822-1895), é geralmente tido como o personagem mais importante da história da medicina.No entanto, não foi considerado nada genial na época de estudante. Um dos seus professores até o classificou como medíocre em química, matéria que, mais tarde, lhe serviu de base para descobertas científicas de grande valor para a humanidade, como a vacina.

Thomas Edison nasceu em 1847 e viveu até 1931. Só teve três meses de educação formal e seu professor o considerava retardado. Sem se importar com a opinião dos outros, dedicouse ao que queria e mais tarde foi considerado o gênio inventivo de maior capacidade de todos os tempos.

O famoso filósofo Jean-Jacques Rousseau (1712-1778), perdeu a mãe logo depois do seu nascimento e o pai foi exilado quando o menino tinha dez anos. Durante alguns anos da sua vida, foi um ilustre desconhecido, mudando de lugar para outro e de emprego temporário para outro.

Charles Darwin, (1809-1882), cientista inglês, criador da teoria evolucionista moderna, seguiu a profissão de naturalista, contrariando a idéia do pai que lhe destinara a carreira de medicina.

Quem segue seu pendor e seus dons criativos, sempre será bem-sucedido, porque fazer o que estimula a mente e o coração já é, em si, fonte de alegria e saúde. No sétimo passo, retomaremos essa idéia.

Nunca esqueci uma história verdadeira que li na revista Seleções. Há vários anos, uma senhora muito importante foi convidada para proferir palestra ao corpo estudantil de uma pequena Faculdade da Carolina do Sul. O auditório estava repleto de estudantes, excitados com a oportunidade de ouvir uma palestrante de alto quilate e grande fama. Na solenidade, o Governador fez a apresentação e então ela se dirigiu ao microfone, percorreu a assistência com o olhar, e começou:

"Minha mãe era surda. Não sei quem foi ou quem é meu pai. O primeiro emprego que consegui foi numa plantação de algodão"

A platéia estava deslumbrada.

Ela prosseguiu:

"Nada deve continuar da maneira que está se a pessoa não quiser que seja assim. Não é uma questão de sorte e não são as circunstâncias do nascimento de alguém que determinam o seu futuro".

E repetiu devagar:

"Nada tem de continuar da maneira que está se a pessoa não quiser que seja assim. Tudo que ela tem a fazer, para mudar uma situação que esteja trazendo infelicidade ou insatisfação, é responder a esta pergunta: Como eu quero que seja? Então, ela deve dedicar todos seus esforços para atingir esse ideal".

Sorriu e completou:

"Meu nome é Azie Taylor Morton. Estou aqui, hoje, diante de vocês, como Secretária do Tesouro dos Estados Unidos da América".

Quando você acha que sua infância foi difícil, que a vida foi madrasta, que tem que carregar uma história mal começada, lembre o que disse Azie e o que aconteceu com ela. Nunca ouviu a voz da sua mãe, jamais conheceu seu pai e começou a vida em lavoura do interior.

Essa mulher tinha tudo para ser desajustada, pessimista e revoltada. Não foi o que aconteceu. Subiu na escala da vida através de sua determinação pessoal. Chegou ao altíssimo cargo de Secretária do Tesouro dos Estados Unidos.

Novo e velho amor

Se você perdeu o Amor da sua vida, por qualquer razão, a primeira constatação é que não perdeu o seu amor, que este existe no seu coração, é imenso, está clamando por você e quer a auto-satisfação.

O amor não muda, mudam as pessoas. Se o seu Amor se foi, lembre-se de que você ficou com a melhor parte: o amor, a matéria-prima, a substância.

Muita gente sofre desbragadamente a separação e o divórcio, porque só olha para o outro e não para si, como a criança com meio bolo na mão chorando porque alguém ficou com a outra metade. Há os que choram porque a taça de vinho está metade vazia, ao passo que outros se rejubilam porque a taça está meio cheia.

Toda a crise leva à mudança e é esta que assusta, porque desestabiliza a pessoa. Mas, sem mudança, você fica na mesmice, na chatice, no sofrimento, na rotina, no enjôo, no desinteresse.

Se tem que mudar, mude. A mudança

desempoeira e sacode a vida, abre novas perspectivas, gera novos estímulos, traz novidades, move os brios.

Tem gente que agüenta uma união azedada, lúgubre, sofrida, seja namoro ou casamento, porque não tem coragem de mudar; tem medo do futuro, de ficar sozinha, de não se sustentar. Analise qual é o pior: ficar nessa agonia ou arriscar vida nova? Vale a pena consultar um psicoterapeuta. O melhor investimento é o que você faz para si mesmo, para melhorar sua qualidade de vida.

Encare positivamente tudo que acontece com você.

Se o coração quiser chorar a perda, permita que chore; depois enxugue as lágrimas e vislumbre novo sol do amanhecer. Então, abra novamente os olhos e o coração, para encontrar a pessoa que vai ser recebida festivamente.

Jamais desista do seu sonho.Se você tem um sonho e acredita nele, acontece.

Desanimar, sentar à beira do caminho, fechar as portas do coração, é atitude sem valia. Quando se trata de vida a dois, nem sempre é fácil acertar a alma gêmea, como se diz. Se não deu certo, aproveite o ensinamento e siga em frente, sem mágoas e sem cobranças, que o seu verdadeiro Amor está à sua espera.

Mágoas e ódios, por piores que tenham sido as situações, são paradigmas de infelicidade. Shakespeare escreveu que ter mágoa é como tomar veneno esperando que a outra pessoa vá morrer. Uma insensatez. Alimentar ódio é romper a ponte sobre a qual se tem de passar. Outra idiotice.

Mesmo que você esteja apaixonado, ou apaixonada, insistir em ficarem juntos quando tudo terminou definitivamente, e exigir que perdure o amor desfeito, é falta de bom senso. Ainda que o errado tenha sido o companheiro e que tenha aprontado as piores coisas, se acabou, acabou. Amor não se compra, não se empurra goela abaixo, não se impõe a fio de espada.Se não terminou, resta encontrar a solução positiva.

A união pode ser reativada? Sim, porque nem sempre a solução é fazer as malas e partir. Geralmente, as dificuldades vão surgindo devido a uma união esvaziada pela rotina e pela exacerbação dos defeitos de cada um. Nesse caso, vale a pena investir na recuperação da alegria de viverem juntos, na motivação amorosa, na generosidade solidária e na clarificação de novos projetos comuns.

Uma das coisas que mais complica a vida a dois é a chantagem emocional, muitas vezes inconsciente, em que, para submeter o outro, são lançados argumentos que instigam a culpa, o medo e a obrigação. Examine sinceramente suas queixas a ver se não incorre nessa estratégia maligna.

Uma convivência enxuta e bem-sucedida está assentada no amor e na liberdade. Essas duas faces são imprescindíveis a qualquer união, pois garantem a perenidade da convivência. As duas colunas básicas da vida a dois são o amor e a liberdade. Acredite.

Amar não significa amarrar.

Diga para o namorado ou namorada, noivo ou noiva, que tocou seu coração: *"Vá em busca do seu Amor livremente; se o caminho levar você até o meu coração, ele estará aberto e festivamente preparado para o nosso banquete; caso contrário, desejo-lhe toda a felicidade que almejo para mim"*.

Se o encontro deu certo, um dirá para o outro: *"Eu te amo livremente e tu me amas livremente; eu te dou liberdade para me amares e tu me dás liberdade para eu te amar".*

Não sejam perfeccionistas. Cultivem o que há de bom e não esquentem a cabeça com as imperfeições inerentes a todo ser humano. Casamento, família, convivência - significam amor, boa vontade, alegria, felicidade, paz de espírito e respeito às individualidades. Para que isso aconteça, cada qual fortaleça em si a auto-estima, a autoconfiança e a independência.

Cobranças não funcionam, diálogos sim.

Crises na vida amorosa são normais, pois se trata de dois seres humanos, vindos de mundos diferentes, com ideais e sonhos diferentes, temperamentos e gostos diferentes, métodos de vida e crenças diferentes.

Antes de tudo, façam a lição de casa. Como a vida a dois também é escola, as diferenças podem ser relevadas e a boa vontade consegue oferecer belas condições de bom entendimento e ótima convivência.

Novo projeto

Se o seu projeto de vida implodiu num insucesso econômico, ou falência, isto, por si, não significa que este não é seu caminho e nem que não tenha capacidade para esta atividade. Eu e você conhecemos inúmeros indivíduos que foram à lona, aprenderam a lição, não desistiram e hoje navegam na prosperidade. Grandes milionários de hoje afundaram uma ou duas vezes, mas vieram à tona, se salvaram e salvaram seu negócio.

Às vezes, o desastre é a única maneira encontrada pela Sabedoria interior para encaminhar a pessoa ao seu verdadeiro destino. Não raro, a lição aparece clara como a luz do sol, mas há também circunstâncias em que se faz necessária uma reflexão serena para apurar o significado do acontecimento e a decisão a ser tomada.

Em última análise, o seu sonho legítimo deve ser preservado, porque a sua auto-realização consiste em fazê-lo acontecer. O que deve mudar é a estratégia, o método. Nem tudo que valia antigamente, vale agora.

Há a história daquela mosca que caiu no leite e se salvou batendo patinhas sem parar até que o leite virou manteiga; quis fazer a mesma coisa quando caiu na água e morreu afogada.

Walt Disney dizia que, se você pode sonhar, pode realizar. Não importa quantas tentativas sejam necessárias. Disney foi mal de negócios várias vezes, mas triunfou.

O conhecimento claro do que quer, o entusiasmo no objetivo, a fé na realização, mais a determinação e a persistência, levam necessariamente ao sucesso.

As qualidades da mente são: conhecimento, determinação e persistência.

As qualidades do coração são: amor, entusiasmo, motivação e fé.

Some as qualidades mentais e as forças emocionais motivadoras e você será imbatível.

Há ocasiões em que a pessoa fica tão perturbada diante do fracasso, que será de bom senso procurar ajuda de algum profissional, que clarifique a questão.

Se houve incêndio arrasador, ou perda da colheita, ou roubo de tudo que era seu, não há porque se desesperar, uma vez que você continua com o mesmo poder, talento, garra e capacidade que produziram o que foi perdido. Se quiser chorar o leite derramado, chore. Em seguida, faça uma prece pedindo ajuda divina, arregace as mangas e sinta o prazer de começar tudo de novo. Garanto que se sairá muito melhor do que da primeira vez. Horácio dizia: “A adversidade desperta em nós capacidades que, em circunstâncias favoráveis, teriam ficado adormecidas”.

Conheci um homem que sumiu na escuridão do seu próprio poço porque não suportou a dor das injustiças, mentiras, ingratidões e desrespeito sofridos de pessoas pelas quais tudo fizera.

- Essa gente – queixava-se ele amargamente - virou o cocho no qual comeu.

Busquei reanimá-lo, dizendo que o fundo do poço é o melhor lugar para subir novamente, pois permite firmar os pés e tomar impulso.

Vamos voltar ao essencial: qual é seu projeto?

Se tem um projeto prazerosamente acalentado, ele é parte de você, deve expressar-se. Limpe a poeira e as cinzas que se acumularam em torno dele, lave-o, dê-lhe brilho dourado, ponha-o diante da mente e do coração para que nunca o perca de vista. Realize-o, porque ele precisa e quer acontecer.

Projetos e projetos

Estou para dizer que você tem pelo menos um projeto para cada setor da sua vida. O perigo é se perder no emaranhado de tantas metas.

Há projetos que devem ser realizados concomitantemente; há outros que precisam ser priorizados.

A sabedoria ensina que quem tudo quer, tudo perde; e ensina também que, dividindo, é mais fácil vencer.

Conforme suas necessidades atuais, priorize as metas. Se o seu barco está fazendo água, a coisa mais urgente e imediata é tapar o vazamento.

O que é que exige que você dê a volta por cima?

Antes de tudo, é de boa inteligência reconhecer que o seu problema maior agora é eliminar seu sofrimento.

Você é a base da sua vida. Se a base não está bem, tudo corre perigo; e o resto não funciona. Precisa, portanto, centrar-se e harmonizar-se.

Busque o equilíbrio entre mente, coração, espírito e corpo. Este equilíbrio é produzido pela energia do pensamento.

Os mestres afirmam que pensar é ser. O pensamento benfazejo é, neste momento, sua energia harmonizadora. Ele permeia todas as instâncias do seu ser e produz bem-estar.

Lembre que cada palavra contém a energia do próprio conteúdo.

A bíblia, em sua sabedoria milenar, afirma: "Pois ele é tal qual seus pensamentos!" Tal qual seus pensamentos. Lei de causa e efeito. Lei da semeadura e da colheita. Nenhuma injustiça, nenhuma incoerência, nenhuma dicotomia: tal qual seus pensamentos.

Para que aconteça algo diferente na sua vida, só há um caminho: mudar os padrões de pensamentos.

Através da sua meditação, imagine-se filho de Deus perfeito; feliz, porque originário da Suprema Felicidade; cheio de amor, porque o tecido do seu coração é feito de amor; capaz de auto-realizar-se, porque seu espírito é a fagulha divina.

Diga para si, serenamente, com confiança:

"A minha verdadeira realidade independe do passado, do presente e do futuro. Eu sou o que sou. Sempre. A matriz divina, que existe em mim, é a minha verdade. É por isso que aviso meu ser para que manifeste em mim a felicidade, a paz, a alegria, o prazer existencial, a auto-estima elevada, a fé de que tudo posso, a saúde vigorosa e a capacidade de auto-realização. Assim é agora e sempre".

Agora alinhe seus projetos.

PESSOAIS: *Ser sempre feliz, desde o acordar até o adormecer; manter-se em alto astral; acreditar em si; ser amor e irradiar amor.

*Colher diariamente energias positivas através de leitura, áudios, meditações, cultivo do bom humor; nunca adormecer sem perdoar os males do dia e sem agradecer a vida e seus benefícios.

*Manter contato amoroso e confiante com o Espírito, fonte da sabedoria e do poder. A oração íntima, pessoal, cheia de fé e de amor, é o melhor caminho.

*Ser livre para a busca da auto-realização; não dar poder a ninguém e nem sentir-se dependente de ninguém e nem de nada. Ouvir a todos com respeito e atenção, analisar, colher o que lhe serve e deixar de lado o que não lhe interessa.

*Inundar seu coração de amor. Se você procura um Amor na vida, tenha a certeza de que o coração iluminado de amor é a maior força atrativa. O semelhante atrai o semelhante – é a Lei. Seu coração cheio de amor atrairá um coração cheio de amor.

MATERIAIS: enumere seus projetos materiais e ordene-os de acordo com a prioridade: casa, carro, móveis, oficina, indústria, loja, agência, ponto de venda, terreno, fazenda, criação, laboratório, instituto, escola, etc.

Imagine os objetivos já realizados; ponha detalhes. Acredite nessa prática.

LAZER: este é o momento de rever seus projetos de recreação, lazer e prazer: as viagens sonhadas; academia; esporte; hobby; caminhadas; férias; praias; montanhas. A filosofia tibetana sugere que visite uma vez por ano um lugar desconhecido.

CULTURAL: estudo; idioma; livros; curso; congresso; treinamento; gravação; canto; literatura; poesia; visita a um centro cultural; doutorado; teatro; dança; balé; biodança; etc.

FÍSICO: diagnóstico sobre a situação orgânica; exercícios físicos; academia de ginástica; caminhadas; retoques de plástica onde achar importante; comprimidos naturais; massagens; spa; sono necessário à idade; alimentação saudável; bebidas saudáveis; sauna; etc.

SOCIAL: amizades; clubes; participação em grupos de seu interesse; associações; eventos; etc.

RELIGIOSO: oração; igreja; eventos espirituais; coral religioso; encontros; participação; etc

FAMÍLIA: determine o tempo que dedicará à família, pensando mais na qualidade do que na quantidade; o que pretende fazer para melhorar o ambiente de casa; aquisições para conforto e bem-estar geral; etc.

Dentre essas sugestões e as que você tem em mente, escolha as metas que tenham significado especial para você e que lhe tragam estímulo para sua nova fase de vida. Vários objetivos podem ser de ação imediata, outros necessitam de planejamento e etapas. Não se sobrecarregue. Tudo tem sua hora e seu lugar. Nenhuma decisão deve ter componente estressante, pois o que você quer fazer é dar a volta por cima e sentir-se maravilhosamente bem.

Tenha entusiasmo

Faça um confronto direto entre os objetivos e o entusiasmo que lhe despertam.Não basta convicção: a força está no entusiasmo. Este tem poder maior do que a própria força de vontade.

Napoleão Bonaparte dizia: "O entusiasmo é a maior força da alma. Conserva-o e nunca te faltará poder para conseguires o que desejas".

Não é o cálculo do lucro e do ganho que deve vir em primeiro lugar e sim a medida do entusiasmo. Se não há entusiasmo, gana de vencer, fogo interior, o projeto tende a morrer na casca. Tem-se dito por aí que nada de grandioso foi realizado sem paixão e entusiasmo.

Walt Disney escreveu: "Primeiramente, encontre algo que você goste tanto de fazer que não se importaria de fazê-lo sem receber nada por isso; aprenda então a fazê-lo tão bem que as pessoas se sintam felizes em lhe pagar para que o faça".

Goste daquilo que faz. Escolha um propósito que o empolgue. Não vá pela idéia e pelo entusiasmo dos outros, mas pelo seu entusiasmo. Por que irá atender aos desejos de seus pais, por exemplo, que o querem médico, se o seu sonho é ser arquiteto ou criador de avestruzes? Vá em busca do seu sonho, porque aí está o prazer da sua vida. Se não fizer o que aprecia, cada dia será um calvário. Estressar-se-á e a vida não funcionará.

Não perca sua autonomia, porque você não é cópia nem apêndice de ninguém.

Mesmo que a escalada do seu destino seja vagarosa, siga por aí. Nada é mais lento e pesado do que ter que arcar com o que não lhe faz bem. Se tiver que se manter, por razões financeiras, numa atividade que não lhe diz nada, dedique-se com honestidade, empenho, boa vontade e participação, até que passe à atividade dos seus desejos mais altos.

Empolgado pelos objetivos, estude a estratégia para chegar lá. Ponha embasamento.

Busque conhecimentos sobre o assunto. Veja como agiram os vitoriosos naquele tipo de atividade.

Se o seu sofrimento é resultado de desilusão no amor e na vida a dois, ou se está saindo por vontade própria de uma união, o que você quer é ser feliz numa nova relação. Recolha as lições positivas, apague as marcas deixadas, acredite que um episódio não é uma regra geral e mentalize o Amor dos seus desejos. Abra os olhos e o coração, como foi dito. Diante de um novo Amor, não faça cobranças, mas cultive o amor a dois, sem desconfianças, sem fiscalizações, sem medo, sem angústia, sem traumas. Se você teme o pior, terá chance de ser profeta, porque o medo atrai.

Está triste porque não tem um Amor? Ora, com depressão e cara de defunto, como quererá atrair positivamente alguém? Cultive alegria, dê um trato no seu modo de vestir e freqüente lugares onde possa vislumbrar uma parceria. Amplie seu círculo de amizades. Tenha calma. O apressado come cru. O ansioso espanta. Tem gente tão afoita que já propõe casamento no primeiro encontro.

Abriu um negócio? Meça os passos e siga em frente, sem medo e sem querer abarcar o mundo num dia.Tem novo empresário que quer ganhar fortuna no primeiro mês em que abriu a empresa. Pior ainda são aqueles que, mal abriram as portas, já começam a gastar por conta dos lucros futuros. Uma planta não dá frutos logo que a semente for lançada na terra. Tudo na vida tem seu tempo de maturação.

Aprenda tudo sobre seu negócio, vendas, compras, produtos, novidades, necessidades das pessoas, tendências, preços, lucro; informe-se com pessoas bem-sucedidas; leia e participe de palestras sobre o assunto; veja o que pode fazer além do que os outros fazem: talvez abrir um pouco mais cedo e fechar um pouco mais tarde, para receber pessoas que não podem sair do emprego; apresentar-se em feiras, eventos, concentrações de público; assim por diante.

Pois bem, seus projetos estão aí, você está entusiasmado, então comece desde logo a realizá-los.

"Se não há ação, você não decidiu realmente" – escreveu Anthony Robins, em seu livro Desperte o Gigante Interior.

Inicie, nem que seja com um tijolo, uma tábua, um objeto, pois o poder não funciona se não tem sobre o quê funcionar.

Quarto passo

DESCUBRA SUAS FORÇAS SUPERIORES

Afasta de ti as restrições que os outros te impuseram. És ilimitado. Nada existe que não possas alcançar. Não há tristeza na vida que não possa ser transposta!

CLEARWATER

Você pode

Agora você *deu a volta por cima, sabe o que quer e está começando a agir.*

Tudo bem, mas quem lhe dará certeza da vitória?

O que garantirá que não vai cair no mesmo buraco?

Como fortalecerá a convicção do sucesso?

Talvez você tenha um diabinho dentro de si que o faça reviver o passado desastroso, que aponte para suas incompetências, que mostre sua incapacidade, que avise que a situação econômica está mais para urubu do que para colibri, que sopre no ouvido sobre a falta de dinheiro e que o desemprego está tolhendo o poder de compra. Estou falando em linguagem figurada, é claro. Esse mau agouro pode partir das suas experiências frustradas ou de outras pessoas, algumas torcendo pelo seu fracasso.

Tem gente mal-intencionada que se apresenta com cara de anjo para lhe dizer que vai dar com os burros n'água. Estou levando em consideração que você abriu sua empresa com conhecimentos, pé nos chão, paciência, determinação e persistência. Principalmente, com prazer por aquilo que está fazendo.

Há experiências que podem ter causado traumas, complexos e medos. Neste caso, seus ideais sofrem pressão paralisante. Ao invés de submeter-se a esses processos inconscientes, seja dono de si, levante sua voz interior, grite forte para que seu grito ecoe poderoso nos porões da sua mente.

Contam que o famoso cantor Enrico Caruso, o "pavaroti" dos inícios do século vinte, (1873-1921), considerado o melhor tenor de todos os tempos, certa vez estava para se apresentar diante de uma imensa platéia e ficou tão apavorado que suava frio. Era um temor paralisante, que o empurrava para o fracasso. De repente, num ímpeto de lucidez, gritou para que seu "pequeno eu" calasse a fim de dar lugar ao seu "grande eu", que ia se apresentar e fazer sucesso. Assim, superou o medo e teve uma apresentação retumbante. Em 1902, as vendas de "Vesti la Giubba", da ópera Pagliacci, fez dele o primeiro artista a vender mais de um milhão de cópias de um disco.

Com certeza, repito, seus projetos e sonhos encontrarão barreiras formadas por pessoas negativas e agourentas, algumas até invejosas, que tentarão inculcar-lhe sentimentos de inferioridade e inaptidão.

Você está decidido e entusiasmado, mas, diante de certos conselhos pessimistas, pode titubear e sentar-se à beira do caminho. Não faça isso. Dê atenção ao seu "grande eu" e vá em frente, mesmo que ocorra alguma pisada em falso.

Quem lhe garante o sucesso?

Você mesmo.

De onde retirará a certeza de que, dessa vez, se dará bem?

De si mesmo.

Onde encontrará a fé inabalável de que tudo dará certo?

Em si mesmo.

- Aí é que mora o perigo! – dirá você. – Acreditei naquele sonho e se foi por água abaixo. Sei o que quero, estou animado, mas quem pode saber o futuro?

Conhece a história da domesticação do elefante? Quando pequeno, o valente animal é amarrado com fortes laços. Brioso e destemido, o bicho esperneia, luta contra a prisão, bufa, arranca todas suas forças para libertar-se e não consegue. Então, desiste. Acomoda-se ao seu destino. Daí para frente, basta prendê-lo com um barbante qualquer e o gigante da floresta não reage mais, certo de que não adianta lutar. Não queira agir como o elefante domado.

Outra história contada com freqüência é da águia recolhida, de pequena, por um caçador, que a colocou no galinheiro. A águia cresceu em meio às galinhas e passou a viver como galinha.Era só o que conhecia de si. Um zoólogo ficou com pena da briosa ave e resolveu fazê-la voar para os píncaros das montanhas, seu verdadeiro lugar. Nas diversas tentativas do zoólogo, a águia retornou ao galinheiro. Até que, por fim, o homem a levou ao alto de uma montanha, onde brilhava um deslumbrante sol de primavera, e impeliu-a a lançar-se para as alturas azuladas do céu. A águia, depois de breve vacilo, voou gloriosamente. Cada vez que via o minúsculo galinheiro, onde vivera tanto tempo, ria-se de sua ingenuidade.

E você, quer ficar ciscando no seu galinheiro particular ou subir à dimensão mais alta do seu ser? Não é porque a águia ficou muitos anos no galinheiro que deixou de ser águia. Não é porque você teve revezes que seu destino é sofrer e fracassar.

Lembro uma frase de Clearwater: "Afasta de ti as restrições que os outros te impuseram. És ilimitado. Nada existe que não possas alcançar. Não há tristeza na vida que não possa ser transposta!"

Quando alguém pretende realizar uma viagem, antes de tudo faz uma análise das condições que possui e da capacidade de chegar a bom termo. Um caminhão de vinte toneladas pode suportar esse peso normalmente. Um ônibus de 50 passageiros pode comportar esse número de pessoas; um avião de tantas toneladas pode voar airosamente com essa carga. E você, até onde pode chegar com seu potencial? A resposta pode espantá-lo: até onde você quiser. Você determina o seu limite. Como dizia Henry Ford: "Se você acha que pode ou se acha que não pode, de qualquer maneira você está certo". Muita gente age como aquele cisne que pensava que era um ganso.

O diplomata e pensador Disraeli sugeria: "Nutra sempre pensamentos grandiosos, porque você jamais atingirá nível de vida mais alto do que seus pensamentos". Pois bem, seu pensamento grandioso é seu novo projeto de vida. Agora, onde encontrará a certeza de que tem todas as condições para alcançar o objetivo?

A primeira certeza está na sua origem. Deus criou o ser humano, à sua imagem e semelhança, sobre quatro colunas básicas:

* sabedoria,
* liberdade,
* poder e
* felicidade.

Sabedoria para criar e discernir; liberdade para escolher; poder para realizar; felicidade como essência da vida.

Não há como o indivíduo ser o que é sem esses quatro fundamentos. Faltando qualquer dessas bases, a criatura humana seria apenas uma aberração. Sem Sabedoria, haveria apenas trevas e ignorância; sem Liberdade, o homem não passaria de robô; sem Poder, seria um frustrado; sem Felicidade, seria um desgraçado. Com Sabedoria, Liberdade, Poder e Felicidade, você reúne todas as condições para expressar-se plenamente na vida.

A sabedoria transcende a cultura, a inteligência, o QI, as aptidões, a genialidade.

Sabedoria é qualidade do espírito. Este é a Vida originária da Vida Infinita Criadora, razão porque o ser humano contém o DNA divino.

A Sabedoria é imanente. Mesmo que o homem ignore essa dimensão superior, ela continua existindo. Por isso, Jesus dizia que a Verdade está dentro.

O conhecido astrônomo, matemático e inventor Galileu Galilei, (1564-1642), disse: *"Você não pode ensinar nada a um homem; você pode apenas ajudá-lo a encontrar a resposta dentro dele mesmo"*.

A decadência, o sofrimento, a miséria, a violência e a maldade são conseqüência do desconhecimento da verdadeira identidade do ser humano.

Ter Sabedoria, Liberdade, Poder e ser Felicidade essencialmente - mas não saber - é o mesmo que não ter e não ser.

Haverá um mundo melhor quando acontecer o segundo e terceiro estágios da evolução: mental e espiritual. Espiritual, neste caso, significa chegar à dimensão do espírito.

Quando Jesus afirmava que temos poder de mover montanhas e tudo alcançar, referia-se ao ser humano na sua verdade intrínseca, aquele indivíduo que chegou à dimensão mais alta de si mesmo. Enquanto isso não acontecer, a vida se tornará difícil, complicada e sofrida. O conhecimento deste quarto passo é que fará você dar a volta por cima.

Liberdade é a indispensável qualidade que torna o ser humano criador, autor da própria vida, responsável por seus atos, digno das suas ações. A Liberdade é o poder de escolher, medir, valorizar, priorizar, definir, decidir, agir.

A Liberdade permite você sorrir ou chorar; sentar nos espinhos ou no sofá; abençoar ou amaldiçoar; elogiar ou criticar; amar ou odiar; avançar ou desistir; enfim, a Liberdade é o atributo da grandeza humana.

Só existe um caminho, o resto é descaminho. O caminho é indicado pela Sabedoria das Leis Universais, ditadas pelo Criador, infalíveis, como a Lei do Retorno, a Lei de Causa e Efeito, a Lei da Fé, a Lei de que Cada Um Colhe o Que Semeia, a Lei da Riqueza, a Lei da Saúde, a Lei do Amor e da Felicidade, assim por diante. O ser humano é livre para cumprir as Leis. Mas o não-cumprimento é descaminho.

O descaminho jamais levará ao caminho, assim como o mal nunca produzirá o bem. Como ensinava o Mestre: "A árvore má não produzirá frutos bons".

Você é livre para subir ou descer a escada da vida. É livre para crescer ou adoecer; para avançar ou recuar; para progredir ou estacionar; para fazer ou esperar que façam.

Poder é a capacidade de auto-realização. Sem Poder, ninguém será o que deseja. Sem Poder, só restará frustração. Sem poder, Deus teria criado o homem pela metade. Nada mais que mera promessa. Um filho pródigo sem condições de retornar a casa. Se não existisse o Poder de realização, Deus teria sido incompetente, inconseqüente e sádico, porque teria dado Poder de Criar algo sem dar o Poder de realizar esse algo. Uma incoerência desoladora. E, nesse caso, teriam razão os existencialistas, que dizem que o homem é um projeto inacabado, frustração, porque sonha grandes sonhos, mas não consegue realizá-los.

Deus jamais criaria um aborto de si mesmo.

É impossível supor que a Suprema Sabedoria fracassasse na sua obra principal.

O Mestre afirmou: "Seja o que for que desejardes, quando orardes crede que tendes alcançado e alcançareis!" Reiterou essa verdade de forma simples, clara e evidente: "Pedi e dar-se-vos-á, porque todo aquele que pede, recebe". O pedido é o ato criador mental. O desejo, o sonho, o pensamento, a oração, são a substância que, por sua própria natureza, busca necessariamente a forma correspondente.

O que você planta, colhe.

Todo ato exige o fato. O Poder criador mental exige necessariamente o Poder realizador.

O pensamento é a substância e a materialização é a forma. Ambas se exigem essencialmente.

Sabedoria e poder são atributos do espírito, que é fagulha do Espírito Infinito. Este é a imanência divina no ser humano. O espírito é o genoma divino. Jesus afirmava, com todas as letras: "Vós sois deuses". Quer dizer, você tem a Sabedoria e o Poder de Deus. Claro, na medida e proporção que couberem na sua dimensão humana.

Muitos pensadores descartam qualquer possibilidade de o ser humano ter Poder e Sabedoria. Mas, basta uma simples consideração para se chegar a essa verdade: nenhum ser pode criar algo que esteja além de sua capacidade de realização; o cavalo, por exemplo, jamais poderá escrever um livro; a planta nunca vai fazer um discurso, porque estaria além de sua capacidade de realização. Não é atributo do cavalo e nem da planta realizar esse tipo de operação, por isso jamais acontecerá. Ora, se o ser humano tem poder de criar algo na mente, conseqüentemente tem poder de realizar.

Com isso, quero dizer-lhe que você tem poder de realizar seus projetos. Sejam eles quais forem.

Pensar é o exercício do seu poder criador. Para onde você dirigir seu pensamento, para lá dirigirá sua vida. Aqui está a segurança de que realizará seus projetos. Claro, se não mudar de pensamento.

Fé é poder

A fé, que, segundo Jesus, remove montanha, cura enfermidades, produz milagres, tudo alcança e torna possível até mesmo o impossível, não é nada mais que o pensamento unívoco, acreditado, definitivo.

O Mestre definiu assim a fé: "Crer firmemente na realização da sua palavra".

O apóstolo Paulo, na sua carta aos hebreus, deu a mesma definição: "Fé – escreveu ele – consiste na firme confiança daquilo que se espera e na convicção daquilo que não se vê".A palavra, portanto, é seu ato criador. Toda palavra unívoca, definida, decidida, determinada, contém a energia sobre-humana da fé, por isso, acontece. Realiza-se. Materializa-se. Essa, por sinal, foi a maior revelação do Mestre Jesus. Infelizmente, há pouco estudo e pesquisa sobre essa verdade fundamental. Sem o conhecimento e uso dessa força interior, o homem jamais chegará a ser o que é.

Este conhecimento avançado é a certeza incontestável de que você já está dando a volta por cima.

- Isso é auto-ajuda! – poderá exclamar

você, como se auto-ajuda fosse heresia, anticiência, utopia, charlatanismo.

Deus foi o inventor da auto-ajuda. Ele nada faz por você; apenas ajuda você a se ajudar. Criou você, deu-lhe todas as ferramentas, ensinou como usá-las e deixou-o livre.

O grande pensador, filósofo, teólogo, escritor e santo Agostinho de Hipona, escreveu, com sabedoria: "Aquele que te criou sem precisar de ti, necessita de ti para te salvar". Quer dizer que você é o autor da sua vida. Responsável por si. Para tanto, como acabou de ver, o Criador, sábio como só ele, deu-lhe Sabedoria, Liberdade, Poder e, por bondade essencial, o fez Feliz. Se Deus tivesse dado a você poder de sonhar e não lhe desse poder de realizar, teria criado um deprimido. Isto é impossível. A descoberta desta verdade será o caminho para levar o ser humano a ser o que é.

Muitos confundem sombra com realidade. Outros estão fixados na crença de que viver é sofrer e o que resta é conformar-se e parar de inventar moda.

Há os que vivem no fundo do poço – se é que conseguem viver – e querem puxar todo mundo para lá, alertando que a vida é uma desgraça necessária. Não saíram da era da caverna. E pensam que sua escuridão é a verdade.

O terceiro milênio, considerado o milênio do espírito, realizará o grande salto da humanidade.

Mas, aqui, o que importa a você é que tem absoluta garantia de que realizará seus projetos, pois está de posse dessa Verdade.

Combata vivamente o desânimo, a descrença, o baixo astral, a baixa auto-estima, os medos, os traumas, as fixações negativas e pessimistas.

Faça sua nova vida transcorrer positiva e alegre. Seja confiante.

Quinto passo

DESPERTE SUAS QUALIDADES PESSOAIS

Escuta-me, ó homem!
Tens tudo dentro de ti mesmo!

PESTALOZZI

Você é muito mais

Quando você estava por baixo, com certeza se sentia sem graça, sem valor, aplastado. Era conseqüência da baixa auto-estima.

É muito comum ver pessoas desmoronando quando desaba a auto-estima. Às vezes, basta apenas um acontecimento negativo e o indivíduo já naufraga.

É preciso que você, seja qual for sua situação, continue reconhecendo a verdade de que é da dimensão do Infinito, maravilha do universo. Um cheque amassado de um milhão de dólares, não é por isso que perde seu valor.

Não se deixe abater pelas situações e nem pelas críticas maldosas de pessoas que só querem ver a caveira dos outros. Não seja do tipo que engole tudo. Analise serenamente as mensagens que recebe, seja de amigo ou inimigo, e recolha só o que tem significado positivo para você.

Não adianta se magoar com quem criticou você. Seja livre para aceitar o que quiser e deixe os outros livres para serem e dizerem o que quiserem. Se falarem mal, lembre que a mentira tem pernas curtas. Toda mentira morre por si mesma. Não vale a pena perder sono por causa das deficiências psicológicas dos outros.

Esteja acima das mesquinharias. Não dê ao outro o gostinho de entrar na onda perturbada dele. Sorria complacente, continue de coração aberto, aja amistosamente, que esse é o caminho que rende frutos e que faz bem a todos.

A educação perfeccionista também contribui para salientar defeitos e erros. Este tipo de educação só vê o lado ruim e negativo da pessoa, com a correta intenção de corrigir, é claro, mas cria a falsa idéia de que você é apenas uma soma de falhas.

Compete a você, em primeiro lugar, descobrir suas qualidades, valores e potencialidades.

Existem as qualidades decorrentes do espírito: sabedoria, poder, amor, felicidade, fé, plenitude.

O espírito, você já viu, *é a dimensão superior do ser humano. Nessa dimensão reside a*

Sabedoria, que se expressa em discernimento e intuição da verdade; o Poder, que garante a condição de alcançar qualquer objetivo; Amor e Felicidade, que são o prazer e a razão da existência; a Fé, que indica a Força todo-poderosa, que conduz ao resultado; a Plenitude, que significa o ser humano sendo o que é.

Também há que sublinhar as qualidades mentais, emocionais, espirituais e físicas inerentes ao ser humano, sempre disponíveis, como se fossem células-tronco, para usar linguagem de hoje. São qualidades genéricas, que todos possuem, pelo simples fato de serem pessoas.

Qualidades Mentais: inteligência, análise, raciocínio, ponderação, criatividade, determinação, talento, curiosidade, convicção, aprendizado, capacidade de desejar, de pensar, decidir, visualizar, imaginar. Essas qualidades são pontos positivos de referência e favorecem os empreendimentos e o sucesso.

Qualidades Emocionais: amor, bondade, generosidade, paz, alegria, sentimento, afeto, solidariedade, felicidade, idealismo, heroísmo, entusiasmo, motivação. São qualidades que ajudam no relacionamento com pessoas empreendedoras, clientes, fornecedores, parceiros, estimulam amizades, convivência, vida familiar.

Qualidades Espirituais: compreensão do sentido da vida; relação com o universo, a humanidade e Deus; crença em valores e Forças Superiores; harmonização interna; ligação com a transcendência e a imanência infinita; visão da vida acima das contingências humanas.

São qualidades que inspiram confiança, aproximação, segurança, credibilidade e bons relacionamentos.

Qualidades Físicas: corpo sadio, esbelteza, elegância, porte, rosto, cabelos, apresentação, vitalidade física, energia, etc.

São qualidades de atração, empatia e simpatia.

Mas, além de tudo, você tem qualidades especificamente suas. Elas fazem sua personalidade, que se constitui de suas qualidades inatas e daquelas que foram sendo absorvidas, assimiladas e vivenciadas ao longo do tempo. Essas são o seu forte. Sua segunda natureza. Faça um inventário dessas qualidades, dos seus gostos, tendências, dons, predominâncias e prazeres. Veja qual é o seu forte. Existe algo em que se destaca. Com certeza, há valores resplandecentes e valores adormecidos no seu íntimo.

Não raro, a gente encontra jovens que não se dão bem na escola, parecem alienados, insensíveis aos apelos dos educadores, mas, chega certo momento em que, por assim dizer, cai a ficha e eles pegam o rumo da vida, revelando-se talentos excepcionais em alguma coisa, como, por exemplo, negócios, futebol, literatura, poesia, artes plásticas, música, canto, escultura, política, artesanato, criação de gado, paisagismo, indústria, palestras, ensino, filantropia, aviação, moda, propaganda, turismo, ou qualquer outro setor que lhes moveu os brios e o entusiasmo.

Quando você, ou alguém de sua família, se mostra inútil, preguiçoso, apático, não se desespere: pode ser apenas que ainda não tenha se encontrado. Enquanto não surgir uma motivação que toque a sensibilidade, ou enquanto não bater à porta do seu ser alguma situação que inebrie o coração e empolgue a mente, a vida irá de arrasto, inexpressiva. Mas, no momento em que algo acontecer, a pessoa acordará e exclamará: “É o meu caminho”. Nasce, então, uma nova criatura e tudo estará salvo.

Li, de Charles Darwin,(1809-1892), criador da Teoria das Espécies: “Em seus primeiros anos de vida, mostrou-se tão pouco promissor que o seu pai, um médico abastado, chegou a se preocupar em ver o jovem Charles ser a desgraça da família. Embora nunca tivesse gostado de escola, nem ido bem nos estudos, Charles cedo mostrou interesse pela História Natural e por colecionar moedas, conchas e minerais. Enviado pelo pai à Universidade de Edimburgo, para estudar medicina, ele a achou maçante... Certo dia, participou, no navio Beagle, de uma viagem de estudos, como naturalista nomeado, e então sua vida mudou radicalmente: tornou-se cientista sério e dedicado".(História da Psicologia Moderna, Duane Schultz e Sydney Ellen Schultz, p126).

Alfred Adler, (1870-1936), psicanalista de renome; inicialmente, parceiro de Freud, depois seguiu seu próprio caminho. "Adler era mau aluno, tão inepto que o professor disse a seu pai que o único emprego para o qual o garoto prestava era o de aprendiz de sapateiro".(História da Psicologia Moderna, idem, p 367).

Há pessoas que desenvolvem qualidades extraordinárias em benefício dos outros: são amáveis, atenciosas, prestativas, têm prazer em ajudar parentes e amigos; outras são amorosas e carinhosas; há aqueles que são criativos e os que têm força de liderança; muitos têm pendor para se meter em movimentos em defesa e promoção de alguma causa.

Você, por certo, conhece pessoas que adoram montar e desmontar coisas; enfim, é importante que coloque no rol de suas qualidades as facilidades e tendências naturais. Pode ser que, por esse caminho, você arranque para a auto-realização.

Vislumbre, em meio à neblina da vida, a luz que iluminará sua caminhada.

Você tem talento e gosto para algo, pode ter certeza. Aí está a fonte do seu sucesso e da alegria de viver.

É você pessoa disciplinada ou bagunceira? Até esse modus vivendi pode revelar um caminho positivo.

Saber contar piada é uma qualidade. Saber ouvir as pessoas é qualidade de valor. Compreender o problema dos outros é qualidade. Sacrificar algum lazer para ir em socorro de parente ou amigo, é dom que merece destaque. Gostar de manter bom visual, de se vestir com bom gosto, também são qualidades que você pode alinhar na sua lista. Cumprir compromissos corretamente é bela qualidade. Agradecer às pessoas, importante qualidade. Lembrar aniversários, qualidade muito apreciada.

Já percebeu quantas qualidades você tem? Então, levante o astral, olhe-se no espelho com orgulho e sorria para essa pessoa maravilhosa, que é você.

Há, no entanto, uma qualidade fundamental para você sair de qualquer marasmo e desânimo: a capacidade de olhar para frente, seguir em frente, pegar a estrada, buscar o sonho, ir à conquista de sua lenda pessoal.

Nada de panos quentes, de deixar como está para ver como é que fica. Não espere pela maré alta. Cultive a qualidade dos vencedores. Em frente!

Relembre que as qualidades essenciais da mente são: conhecimento, determinação e persistência. Explicando: saiba o que quer, decida-se a realizar e persista na empreitada.

Reveja as qualidades básicas do coração: entusiasmo, motivação, fé, amor e felicidade. Explicando: não bastam conhecimento, convicção, decisão e persistência; é necessário entusiasmo, energia, gosto, fogo, bandeira desfraldada.

A conjugação dessas qualidades produz a

garantia absoluta do sucesso. Significa que o êxito está dentro de você.

Não se queixe, vá ao encontro de sua performance natural. Como escreveu Samuel Weor, em Rosa Ígnea: "Devemos aprender a pensar com o coração e a sentir com a cabeça". É o funcionamento harmonioso dos dois lados do cérebro; a mescla perfeita das qualidades mentais e emocionais. É o abraço sintonizado de cabeça e coração.

Acreditar em si é qualidade indispensável. Acreditar em si significa ter consciência de sua potencialidade. É ouvir a voz da Sabedoria interior que diz que você tem a genialidade dos grandes inventores, dos criadores, dos bem-sucedidos, dos heróis, dos milionários, dos amantes felizes, de todos aqueles aos quais admira.

Quem acredita em si, jamais se julgará pessoa dependente, vazia, frustrada.

Nem na idosidade você tem motivo para sentir-se dependente. Se Deus criou a idosidade, criou todas as condições necessárias para que a pessoa seja produtiva, livre, independente e feliz. Aliás, quanto mais avançada a idade, mais grandiosa e próspera será sua vida, porque pode contar com suas experiências e com a valiosa bagagem de conhecimentos.

De mais a mais, acredite em eterna juventude.

Você será sempre jovem enquanto alimentar o fogo dos ideais, da esperança, do otimismo, da visão agradável do mundo.

Será jovem enquanto sair de casa para curtir o sol, o movimento, a caminhada, o esporte, a pescaria, o artesanato, o trabalho agradável, a convivência, o amor a dois, o sexo, a ternura e o círculo de amizades.

Enquanto seu coração estiver iluminado de amor, haverá juventude.

Muitos pensam que renunciam às coisas à medida que ficam velhos, quando a verdade é o contrário: à medida que renunciam às coisas, ficam velhos. Então, mente acesa, coração vibrante, atividade prazerosa, alegria de viver – e eis aí uma criatura admiravelmente jovem.

Quando quiser desistir, lembre-se que você é seu espírito e o espírito, por sua própria natureza, é sempre luz, energia, sabedoria, fogo, poder e capacidade de ação.

A maneira mais bem-humorada de espantar a idéia de velhice é dizer que ela chegará dez anos depois da idade que naquele momento você tem.

Se você se olha no espelho e se preocupa com as rugas e dobras da face, busque a solução na cirurgia plástica ou no exercício e cosmético. Manter ou refazer a juventude, hoje não é difícil. Querer é poder. E, quanto ao desempenho sexual, não desanime, que existem comprimidos especiais. Não esqueça, porém, que o prazer da vida está na beleza da mente e do coração.

De nada valerá a recomposição do corpo se a mente estiver decaída e o coração amargurado. Depressão, tristeza, pessimismo, estresse, criam marcas, vincos e rugas. Mas, só pelo fato de estar lendo esta mensagem, tenho convicção de que você será eterno amante da vida.

Não ligue muito para aqueles psicólogos e intelectuais que mandam se conformar com a velhice e se colocar no seu lugar de aposentado e cidadão superado. Esses são frustrados e ignorantes, porque sequer sabem das vigorosas energias que existem no íntimo de toda criatura humana. A própria bíblia, na sua sabedoria milenar, ensina: “Na velhice darão ainda frutos, serão ainda cheios de seiva e de vigor”. Seiva e vigor significam juventude, energia, produtividade. Então, querido amigo, querida amiga, não dê adeus aos prazeres da vida, não se esconda na sala dos fundos, não se limite, não pense que sua missão agora é apenas cuidar dos netos, não se julgue menos: você é da dimensão do Infinito. Sua presença no concerto do universo é indispensável.

Para os inteligentes, a idade acrescenta qualidades únicas, extremamente vantajosas, como paz de espírito, tranqüilidade, tolerância, complacência, espírito jovial, dedicação a alguma associação ou clube, capacidade de longas conversas, o dom precioso de ter tempo, assim por diante.

Enquanto os jovens correm, os idosos se divertem e vivem alegremente.

Ser feliz é qualidade essencial a todos os seres humanos, seja qual for a idade; o idoso jamais cederá à tentação de distanciar-se deste atributo.

No livro Felicidade Autêntica, o Dr Martin Seligman fala de uma pesquisa sobre longevidade feita num convento com 180 freiras. Levando em consideração que todas viviam na mesma casa, mantendo a mesma dieta, o mesmo esquema religioso, não fumavam, não bebiam nem usavam drogas e não tinham doenças sexualmente transmissíveis, a pesquisa limitou-se a dividir as religiosas em dois grupos: as mais alegres e as menos alegres. Noventa por cento das mais alegres ultrapassaram os 80 anos de idade. Apenas 34 por cento das outras chegaram aos 80 anos.

É importante ter em mente que terceira idade é uma qualidade humana. Não é por nada que é chamada de "melhor idade".

Não sufoque suas qualidades porque houve alguma frustração. Qualidade é valor perene e não deve estar sujeita a chuvas e trovoadas.

Há outra qualidade que merece ser cultivada, sob pena de a pessoa cair em estresse: a flexibilidade. O jogo de cintura. As árvores rígidas são derrubadas pelos vendavais, ao passo que a maleabilidade dos salgueiros à força do vento os torna resistentes.

Olhe para dentro de si, reconheça suas qualidades, dons, aptidões, valores, hábitos positivos e crenças benéficas.

Celebre sua própria grandeza e agradeça a Deus por ser essa maravilha que é.

Descubra suas qualidades

Faça agora um inventário das suas qualidades.

A pior coisa que pode acontecer é você duvidar da sua capacidade Se, para cada erro da vida, você riscar e apagar um valor pessoal, daí a pouco será do tamanho de um anão. Uma falha, como já viu, não significa uma qualidade descartada, mas uma experiência que conduzirá ao resultado ambicionado.

Redescubra aqui suas qualidades mais salientes. Faça quatro xis nas qualidades mais fortes que você tem, ou seja, as ótimas; três xis, nas boas qualidades; dois xis nas qualidades emergentes; um xis nas qualidades que você quer criar:

Animado( ) – alegre( ) – otimista( ) – positivo( ) – feliz( ) – agradável( ) – saudável( ) - decidido( ) – competente( ) – confiante( ) – alto astral( ) – bem-humorado( ) – calmo( ) – ponderado( ) – tolerante( ) – paciente( ) – determinado( ) – persistente( )

– flexível( ) – capacidade de mudar( ) – lúcido( ) - entusiasmado( ) – motivado( ) – coerente( ) – trabalhador( ) – dedicado( ) – econômico( ) – capaz de tomar posição na hora certa( ) – estudioso( ) – usar computador( ) – usar Internet( ) – espiritualizado ( ) – cultivador de crenças positivas( ) – cauteloso( ) – criativo( ) – gostar de aprender sobre sua especialidade e sobre o que faz( ) – a moroso( ) – atento( ) – equilíbrio nas discussões( ) – saber priorizar as coisas de cada dia( ) – responsável em fazer o que deve ser feito quando deve ser feito( ) – saber elogiar e valorizar os outros( ) – motivador( ) – ter domínio sobre o mundo material( ) – dar valor à família e reservar tempo para ela( ) – acompanhar os filhos em seu desenvolvimento e estar junto deles em seus eventos escolares( ) – coragem( ) – acreditar em si mais do que nos outros( ) – perdoar com facilidade( ) – buscar o lado bom de cada acontecimento( ) – viver o aqui e agora( ) – buscar novos conhecimentos sobre sua atividade( ) – acreditar que ninguém está barrando seu caminho, porque pensa que o seu caminho é seu e de mais ninguém( ) – reconhecer que você e o Deus que habita seu íntimo são a Força mais poderosa, contra a qual nada nem ninguém pode( ).

Avalie, com calma, cada item. Alinhe as qualidades mais necessárias para esse momento da sua vida. Solidifique-as na sua personalidade, através da mentalização e da prática habitual. Não se preocupe se falhar de vez em quando; não seja perfeccionista.

Para incluir novas qualidades à sua personalidade, tenha em vista que o mundo que se cria na mente é o mundo que se expressa na realidade. Mentalize as qualidades e o modo de ser que quer para si. Lembre-se que suas qualidades e defeitos formaram sua personalidade através do hábito.

Existem atributos pessoais com os quais deve contar desde já. Dê atenção imediata a eles e exercite-os.

Existem valores que foram bloqueados em algum momento da sua vida e que você precisa resgatá-los. Eles tornarão à sua personalidade pela mentalização e pela repetição.

Pensar é ser. O rei e profeta David dizia,

na Antiguidade: "Aquilo que o homem pensa com todo fervor, aquilo ele é". O imperador Marco Aurélio (121-181dc), considerado um dos sábios da Roma Antiga, disse: "Nossa vida é o que dela fizerem nossos pensamentos".

Se você quer ser empresário de sucesso, avalie as qualidades de um homem exitoso e verifique se elas se enquadram no seu perfil. Olhe o comportamento e os hábitos das pessoas de sucesso que você conhece e aprenda com elas. Por que cometer os erros que os outros cometeram e já fizeram a experiência?

Crie seu novo modo de ser. Invente sua grife pessoal. Forme seu estilo. Adapte seus hábitos a essa nova personalidade.

Quem vive como pobre é pobre. Quem age como perdedor é perdedor. Sua mente precisa de uma imagem de vencedor. Recorde aquela velha e surrada frase, que nunca deixa de ser verdade: "Se você continua pensando como sempre pensou, continuará acontecendo o que sempre aconteceu".

Quer você encontrar um novo Amor? Esqueça o passado, pois se o seu coração estiver ocupado, como poderá entrar outro

Amor? Não fale mais do ou da ex, que ninguém está interessado.

A tendência de certas pessoas que se estressam e se deprimem é relaxar na roupa, na higiene, nos cabelos, na barba, como também nos estudos, nos compromissos e nas responsabilidades. O desleixo é péssimo companheiro, porque manda mensagem negativa para o subconsciente e para o cérebro, que os cumpre.

Organize-se. Organize sua vida. É importante, para que você se sinta bem e para que o subconsciente levante você, atendendo às imagens mentais recebidas.

Crie um halo de bom astral em si, levante a auto-estima, cultive o charme e a elegância, ao mesmo tempo que cultivará a simplicidade de coração.

Freqüente encontros e convívios sociais, como já mencionamos, mas é bom repetir. Se você não vai à pesca, os peixes não virão até você.

A ginástica, a caminhada, a música alegre, a dança, o sexo, o sol, o lazer, o riso, a alegria, o humor, o esporte, liberam endorfina, serotonina, oxitocina e dietilamina, hormônios que produzem bem-estar, prazer, energia positiva, descongestionam os órgãos, fortalecem o sistema imunológico e rejuvenescem a pessoa. Ponha alguma coisa disso no seu programa diário ou semanal.

Sexto passo

RELACIONE-SE. VOCÊ NÃO É UMA ILHA.

Eu poderia suportar, embora não sem dor, que tivessem morrido todos meus amores, mas enlouqueceria se morressem todos meus amigos!

VINICIUS DE MORAES, poeta

*B*usque seu espaço

*U*m dos problemas sérios que acomete os indivíduos deprimidos, fraquejados, frustrados e com baixa auto-estima é a dificuldade de relacionamento.

Há tendência ao isolamento, à fuga, à busca de um refúgio onde não possam ser encontrados e nem abordados.

Numa situação dolorosa e fracassada, a pessoa não quer ver ninguém, não quer ir a lugar nenhum, não quer nada com nada.

Sei que, ao chegar a esse passo da leitura, você já pensa diferente e está disposto a buscar seu espaço no mundo. Afinal, errar é humano e você superou o trauma.

Tudo o que você quer é dar a volta por cima. Para isso, *compreendeu e aceitou o golpe que se abateu sobre você, apagou as marcas do passado, descobriu as forças ilimitadas que o impulsionarão para cima, reconheceu suas qua-*

lidades e agora quer estar integrado ao mundo em que vive.

Você não quer ser uma ilha. Quer, isto sim, sentir o prazer da convivência, da vida social, da participação comunitária. Antes, você não conseguia sequer se aproximar de alguém e demonstrar amor, pois lhe faltava vontade, coragem, engenho e arte.

Chegou o momento de sentir-se pessoa que ama e que deseja ser amada.

Ter amigos, por todos os motivos, é de imensa necessidade.

Certo dia, eu li, do poeta Vinícius de Moraes, estas palavras: *"Eu poderia suportar, embora não sem dor, que tivessem morrido todos meus amores, mas enlouqueceria se morressem todos meus amigos!*

A alguns deles não procuro, basta-me saber que eles existem. Esta mera condição me encoraja a seguir em frente pela vida... mas é delicioso que eu saiba e sinta que os adoro, embora não declare e não os procure sempre..."

Seja amigo dos seus amigos. Quer dizer: mesmo que se sinta o pior dos viventes, aceite convite deles, peça desculpa por estar sem graça, colabore para que o ambiente seja agradável, esforce-se por irradiar simpatia e boa vontade.

Não fique num canto, isolado. Reaja a esta situação.

Se você estiver deprimido, tomando comprimidos, fazer parte de uma roda de conversa é sacrifício quase sobre-humano, mas seus amigos merecem. Preste atenção na conversa, porque uma das tendências de quem está mal é ficar alheio aos outros e aos assuntos.Tente rir das piadas. O riso é que nem os antigos Ford 29: dando manivela, eles pegam. Enfim, faça a sua parte. Seus amigos precisam da sua colaboração para tornar o encontro leve, bem-humorado e agradável.

Você não é capaz de se sacrificar por seus amigos? Colabore com eles, já que estão tentando ajudá-lo.Todos sabem que é muito difícil sair de casa em estado depressivo e participar de reuniões, esportes, viagens, caminhadas, aniversários, churrascos, jantares. Mas, quando se quer bem aos amigos, faz-se por eles qualquer coisa. Você é assim, acredite.

Esse é um caminho que ajudará a levantar o astral e dar a volta por cima.

Se, ao contrário, é um amigo seu que

passa por contingência difícil, seja compassivo, tolerante, e pense que um dia poderá estar bebendo dessa água.

Dizia a senhora Brown: “Só Deus está em condições de olhar os outros de cima”.

Descobrir novas amizades é muito bom. Busque lugares onde se reúnem pessoas. Envolva-se com o maior número possível de gente e não descarte ninguém, pois, oculto por dentro daquela roupa, pode estar seu futuro melhor amigo ou amiga.

Evite, se possível, amizades que só lhe trazem desconforto, estresse, maus hábitos, prejuízos.

Lembre-se que, na amizade, não existe cobrança; todos são iguais, se querem bem e curtem os momentos de encontro. Como escreveu Baltazar Gracian: “A amizade multiplica os bens e divide os males”.

Deixo aqui uma frase que colhi na Internet, não dizia o autor: “Não importa quão sério a vida me obrigue a ser, todo mundo precisa de um amigo para brincar”.

Amigos de casa

Há três maneiras de analisar as pessoas da sua convivência diária:

pelo que fazem por você;

pelo que não fazem por você;

pelo que fazem só por eles.

Qual é o seu caso?

O mais comum é a sua queixa pelo que não fazem por você. Você diz que se esforça tanto, mas os familiares não retribuem, não reconhecem, não se importam. Você se sente o eterno sacrificado. É o boi de piranha, como diz o gaúcho. Isto acontece também com outros familiares.

Ela, por exemplo, suspira magoada:

- Eu trabalho fora, faço o café da manhã, limpo a casa, cuido dos filhos menores, arrumo os armários, faço comida, vou ao supermercado, pago algumas contas - e ninguém diz uma palavra sequer. Como se eu fosse empregada!

Ele chega tarde, depois de um longo dia estressante, e resmunga:

- Eu sou o burro de carga dessa casa. Tudo é comigo. Trabalho, dou duro para trazer dinheiro, mas ninguém sequer pergunta se estou cansado, se quero uma sopa, nada, nada!

O filho chega em casa depois da aula, se refestela na poltrona como quem venceu uma batalha napoleônica, liga a televisão e se queixa que a comida não está pronta. Quando está mal-humorado, promete sair de casa e viver no pólo norte, já que ninguém se importa com ele.

Essa é a forma de analisar pelo que não fazem por você.

A outra maneira é perceber o que fazem por você. É só virar o disco. Indispensável. Reconhecer as atitudes solidárias é virtude de imenso valor.

Nunca endureça seu coração a ponto de ser eterno café amargo. Mostre boa vontade e carinho, pois esse é o melhor pagamento pelo que fazem por você.

À noite, ao deitar, antes de se entregar ao sono reparador, ponha amor e bondade na sua alma e lembre o que seus familiares fizeram por você, quem lhe deu bom-dia, quem fez o café, quem trouxe o pão, quem pôs gasolina no carro, quem produziu o dinheiro para que tal acontecesse, quem lavou e passou a roupa que você usou, quem limpou a casa, quem fez a comida, quem preparou o chimarrão, quem levou o filho ao colégio, quem comprou o material escolar, quem pagou a escola, quem se ocupou de você na doença, quem pagou médico e remédio, quem lhe deu dinheiro para o lanche, quem arrumou a cama para você, quem foi ao supermercado e pagou a conta, quem abraçou e beijou você, quem sorriu e deu mostras de bom coração.

O terceiro tipo é aquele que só olha para o próprio umbigo. Só pensa nele, só faz por ele, quer tudo para ele. Reclamar é seu forte.

Pior ainda é aquele que não quer nada com nada, não vê nada, não diz nada, não faz nada. Tanto faz como tanto fez. Nada é com ele. Esse também deve meditar para descobrir que nada cai do céu, a não ser a chuva. A reflexão o fará perceber que onde há um folgado, necessariamente haverá um sobrecarregado.

A vida é o equilíbrio da gangorra: de um lado, o que você faz pelos outros; do outro lado, o que os outros fazem por você. Numa ponta, o que os outros não fazem por você e, na outra, o que você não faz por eles.

Jesus lembrava, com sabedoria, a Lei da Convivência: "Não faça ao outro o que não quer que o outro faça a você. Faça ao outro o que quer que o outro faça a você".

A Lei do Amor contém o ingrediente da gratidão. Porém, exigir gratidão não faz parte da Lei do Amor, porque é sintoma de carência, de troca-troca, de dar com o intuito de receber. Neste caso, se não recebe reconhecimento, envolve-se nas brumas da mágoa, que é matéria-prima do câncer.

Faça e seja reconhecido aos que fazem – esse é o caminho. Ao fazer, não exija e nem espere gratidão, pois correrá o risco de sentir-se desconsiderado e a sua tristeza o levará aos meandros da depressão. Se fizer, faça-o pelo desejo e prazer de fazê-lo. Concentre a essência da ação em si e não nos outros. Gratidão é lucro.

Dizia a famosa artista cinematográfica Audrey Hepburn: "Lembre-se que se precisar de uma mão amiga, há uma no final do seu braço".

A solidariedade é uma virtude muito recomendável, porque ninguém é uma ilha, como foi lembrado.

Vou contar-lhe esta história ilustrativa: Um rato, olhando pelo buraco da parede, viu o fazendeiro e a esposa abrindo um pacote. Pensou logo que devia ser alguma comida muito apetitosa para si, mas ficou apavorado quando descobriu que se tratava de uma ratoeira.

Correu para o pátio da fazenda, avisando a todos os bichos: "Estamos a perigo! Tem uma ratoeira na casa, uma ratoeira na casa!".

A galinha, que estava cacarejando e ciscando despreocupadamente, levantou a cabeça e disse: "Desculpe, senhor rato, eu entendo que é um grande problema para você, mas a mim não me prejudica em nada, isso não me incomoda!"

O rato foi até o porco e advertiu-o:

- Seu porco, tem uma ratoeira na casa, uma ratoeira, estamos a perigo!

O porco grunhiu mal-humorado e resmungou:

- Senhor rato, o problema é apenas seu, não há nada que eu possa fazer, senão desejar que Deus o proteja. Não esquecerei de rezar pelo companheiro.

O rato, muito aflito, correu para a vaca, alertando-a:

- Dona vaca, a situação está muito séria para nós, pois há uma ratoeira na casa!

A vaca sorriu ironicamente e debochou:

- Seu rato, olhe bem para mim e veja se é coisa que eu deva me preocupar! Eu não tenho nada com isso! Vire-se! E não me amole!

O rato voltou para seu canto cabisbaixo e abatido, disposto a fazer pela própria vida.

À noite, ouviu-se um barulho como de uma ratoeira pegando alguma vítima. A mulher do fazendeiro correu para ver o que tinha acontecido. No escuro, não percebeu que a ratoeira tinha pego uma cobra venenosa pelo rabo e, ao aproximar-se afoitamente, foi picada pela serpente. Levada imediatamente ao hospital, submeteu-se a tratamento durante alguns dias. Retornou para a fazenda, mas a febre não a deixava. O fazendeiro então fez uma canja de galinha, daquela galinha, para alimentar a mulher febril. Como a doença não cedia, os vizinhos e amigos foram levar solidariedade à enferma e o fazendeiro resolveu matar o porco para alimentar aquela gente. Infelizmente, a mulher morreu. Familiares, parentes e amigos fizeram-se presentes ao funeral, de tal forma que o fazendeiro sentiu-se na obrigação de matar a vaca para alimentar aquela gente toda.

Da próxima vez que você ouvir dizer que alguém está diante de um problema e acreditar que o assunto não lhe diz respeito, lembre-se que quando há uma ratoeira na casa, toda a fazenda corre risco.

Não se isole, seja solidário, participe de eventos que visam o benefício da comunidade.

Um dos meios recomendados para alguém sair da depressão, da apatia, do sofrimento, é prestar ajuda filantrópica a alguma instituição.

Quando puder, faça algo pelos familiares, vizinhos, amigos e pessoas que estejam passando por transe difícil. Todo bem que você faz, retorna multiplicado e ajuda você a sair do seu isolamento.

Aumentar o círculo de amigos é um dos projetos prioritários de executivos, empresários, líderes, pessoas enfim que têm vida de intensa atividade.

Na época atual, os indivíduos fazem de tudo para se cercar de aparatos tecnológicos e eletrônicos, como computador, Internet, televisão, celular, fax, esteira, aparelhos de som, rádio, e gastam enorme quantidade de tempo com esses equipamentos. Mas aparelho nenhum abraça, beija, sorri, se emociona, ama.

Aproveite os recursos da eletrônica, mas cultive, de modo especial, amigos e dedique parte de seu tempo a eles. São essas satisfações que contribuem para manter alto astral, boa saúde, alegria de viver e dão sentido à vida.

Sétimo passo

SEJA FELIZ

Felicidade é a compreensão lógica da vida e do mundo.

BARUCH SPINOZA, filósofo

A chave de ouro

A mais importante volta por cima é ser feliz. Sem esta, as outras voltas não funcionam.

Nada mais insuportável que a infelicidade: desagrega, abate, paralisa, afunda, apaga a vida. Ponha um monte de dólares na frente de um infeliz e ele vai olhar tudo com cara de nojo.

A infelicidade é como pára-quedas enguiçado: você chega mais rápido ao fundo do túnel.

Relembre:

Você sofreu muito, caiu no poço, considerou-se o mais infeliz da face da terra, mas agora está dando a volta por cima. Fez a retomada da vida. Reviu seus projetos. Descobriu suas forças poderosas e deu rédeas ao sucesso. Encontrou seu caminho. Refez suas amizades e sente que a vida está sorrindo novamente para você.

Agora, a chave de ouro: ser feliz.

Sendo feliz, tudo irá bem; na infelicidade, nada satisfará.

Pelas experiências anteriores, percebeu que pode renunciar a qualquer coisa ou desinteressar-se por algo da vida, mas jamais há de passar pela sua cabeça desistir da felicidade, porque, se isso ocorrer, nada mais terá razão de ser.

Se tentar tratamentos que não visem o retorno à felicidade, não chegará ao principal.

O filósofo Spinoza (1632-1677), nasceu em Portugal e morreu na Holanda, com apenas 45 anos de idade. Mesmo assim, tornou-se filósofo de renome.

Ele disse, certa vez:

"Felicidade é a
compreensão lógica
da vida e do mundo".

A escritora francesa Sidonie Gabrielle Colette, (1873-1954), escreveu: *"Seja feliz. É uma forma de ser sábio".*

Muita gente, inclusive filósofos, teólogos e estudiosos, têm dificuldade de entender que felicidade é a essência humana.

Para muitos, felicidade é palavra que soa como oba-oba da vida. Dizem que é palavra que merece ser citada, mas que não vale a pena gastar tempo em decifrá-la.

Gostei da resposta de um humorista a um homem que negava a felicidade: "Se não existe a felicidade, então vamos ser felizes sem ela!"

Há intelectuais que não se importam com felicidade, pois dizem que, com ela ou sem ela, o mundo segue seu ritmo da mesma forma. Equívoco lamentável. Sem felicidade, o ser humano está fora de si.

Há pensadores e cientistas que sorriem da ingenuidade dos que afirmam que somos originários da Suprema Felicidade e que temos o DNA da felicidade. O Dr. David Likken, Phd em Psicologia e professor da Universidade de Minnesota, escreveu num de seus livros: "Todo ser humano tem predisposição genética para a felicidade".

Raciocine: você tem o genoma dos pais; seus pais, dos seus avós; seus avós, dos bisavós; os bisavós, dos tataravós; assim sucessivamente até chegar ao primeiro, do qual tudo se originou. E o primeiro é Deus. Você, pois, tem o DNA divino.

Mas o seu DNA originário pode ter sido

obscurecido ao longo dessa cadeia milenar de gerações. Neste caso, a pérola preciosa está mesclada com impurezas. Se não buscar o centro desse amálgama, jamais saberá do seu valor e grandeza. Talvez não passe de uma pedra jogada na beira do caminho.

Volte a si. Busque a essência. Descobrirá deslumbrado que ser feliz é o caminho.

No meu livro Porque as Pessoas Felizes São Felizes, afirmo e explico que, sem felicidade, não há saúde, nem amor, nem riqueza, nem auto-realização, nem casamento estável, nem sucesso, nem estabilidade emocional, nem religião e nem progresso.

Qualquer análise que chegue à conclusão de que o ser humano é, por natureza, uma desgraça perambulando pelos descaminhos do infortúnio – necessitará de rever os conceitos.

O infeliz é um vivo morto. Mas ressurgirá quando descer às profundezas mais recônditas do seu ser e subir à mais alta dimensão de si mesmo, porque então compreenderá que sempre foi, é e sempre será felicidade.

Só há dois caminhos na vida: ser feliz ou ser feliz. Portanto, somente pela luneta da felicidade conseguirá você a compreensão perfeita e total da vida e do mundo. Como frisou Spinoza.

Felicidade é a compreensão lógica da vida e do mundo.

A lógica é que todo ser humano é essencialmente feliz e só não expressa na vida esse estado de ser quando o sufoca com frustrações, medos, traumas e sentimentos de incompetência.

Não se queixe. Levante a mente até a dimensão do seu espírito e descobrirá que é muito mais do que se imagina.

Atualmente, graças a Deus, o homem começou a vasculhar, através de pesquisas e estudos, caminhos que conduzam à felicidade. Insatisfeito e inquieto, já bateu praticamente em todas as portas, à procura dessa alquimia suprema. Chegou até mesmo a fazer chá de couro de cascavel, na ânsia de encontrar o elixir da felicidade. Experimentou as alegrias do dinheiro, da posse, do prestígio, do poder político, das drogas, do cultivo do corpo, do sexo, da cultura, da religião, do casamento, da solidão, do conforto, do luxo, da renúncia, da solidariedade - e reconheceu que trazem apenas ímpetos de felicidade.Tempos atrás, um pedreiro ganhou soma vultosa na loteria e, meses depois, afundava em depressão profunda. Antes que seja mal interpretado, apresso-me a dizer que dinheiro é bom, ótimo, às vezes necessário, mas felicidade é estado perene e o ser humano não descansará enquanto todo seu ser não mergulhar na felicidade. Ela é o clamor que não quer silenciar enquanto a essência não se fundir na existência.

O que é felicidade?

Há estudiosos, como o psicólogo Martin Seligman, autor do best-seller Felicidade Autêntica, que não encontram definição para felicidade, descrevendo-a como arrancos de sorte, de alegria, de paz, de sucesso, de momentos inolvidáveis e prazerosos. Seligman avisa que felicidade não é susceptível de definição.

Outros autores acentuam qualidades e valores que despertam bem-estar, mas não assumem uma definição de felicidade. Se não se define algo, não se sabe do que se está falando.

Sem definição, sobra confusão.

Minha definição de felicidade:

"Sentir-se bem
consigo mesmo,
com a humanidade,
com o universo
e com Deus".

Esta definição é explicada exaustivamente no meu livro Porque As Pessoas Felizes São Felizes.

A primeira verdade a ser clarificada, pela definição, é que felicidade é estado mental. Essência. Intrínseca. Expressão do ser total.

Sentir-se é verbo reflexivo. Estado interior. Em si.

Bem significa ser amoroso, positivo, otimista, alto astral, equilibrado.

Consigo mesmo quer dizer que só você é autor de sua felicidade. Os outros poderão ajudá-lo a ser feliz, mas, ao fim e ao cabo, como só você pode penetrar sua mente, só você fará a sua felicidade ou infelicidade.

Com a humanidade indica que, para ser feliz, você precisa estar de bem com todas as pessoas deste planeta. Basta odiar uma pessoa, mesmo que seja um esquimó, e você já não será feliz. Ter mágoa – disse Shakespeare – é como tomar veneno esperando que a outra pessoa morra. Idiotice. Odiar é romper a ponte sobre a qual deverá passar. Portanto, seja amor para si e será amor para o próximo.

Com o universo é estar harmonizado com todos os seres do cosmo. Fisicamente, somos tecidos com as mesmas partículas que fizeram as galáxias e o universo. Somos irmãos das estrelas.

Amâncio Friaça, do Instituto de Astronomia e Geofísica da USP, escreveu: "Homens e mulheres são pequenos detalhes no cosmo. Mas, tanto o corpo humano, quanto as estrelas, são feitos dos mesmos átomos".

Diz-se que o universo pulsa em 10,5 ciclos por segundo. Quando você entra em nível alfa, também pulsa em 10,5. Significa que, no momento em que uma pessoa entrar em estado de meditação, de oração, de contemplação, de paz de espírito, entrará também em sintonia e harmonia com o universo.

Sentir-se bem com Deus é reconhecer a imanência divina. Deus habita o íntimo da pessoa, como escreveu o apóstolo Paulo: "Sois templos do Altíssimo que em vós habita".

O espantoso é que, pelo dom da liberdade que concedeu à criatura humana, Deus só age nela por meio dela. Ele é a resposta. Ao homem pertence o pedir, a Deus cabe o dar. O pedir já contém o receber, por isso Jesus ernsinou: "Pedi e dar-se-vos-á, porque todo aquele que pede, recebe". O Poder é causado pelo espírito, que é a fagulha divina no ser humano. Pelo corpo, somos cosmo; pelo espírito, somos divindade.

- Vós sois deuses – afirmou o Mestre.

Pela lógica, somos o universo e a divindade. O limite e o ilimite. A terra e o céu. O finito e o infinito. Mas, essencialmente, somos felicidade. O termômetro que assinala nosso grau de interação com a humanidade, o universo e Deus – é a felicidade.

Pois bem, a pessoa feliz está centrada em si mesma e, a partir de si, expande seu sentimento positivo e amável para todas as pessoas do planeta, para todos os seres do universo e para Deus.

Não importa como estejam a humanidade, o universo e Deus para você; importa, sim, como você se sente em relação a si, à humanidade, ao universo e a Deus.

Não são as pessoas que devem mudar para que você se sinta feliz, mas você é que deve mudar positivamente seu modo de pensar e agir sobre os seres do mundo para alcançar o estado de felicidade. Até um aleijado, pobre, sozinho, morador de caverna, ignorante, enfermo, pode e deve ser feliz.

Se você quer dar a volta por cima, dê valor essencial a este sétimo passo.

Felicidade é harmonização e interação entre corpo, mente, coração e espírito. Nesse estado, você estará em sintonia com a humanidade, o universo e Deus.

É de se ressaltar o interesse que a humanidade deste limiar do terceiro milênio passou a ter sobre a felicidade e como alcançá-la. Já é um passo notável.

Até bem pouco tempo, todas as atenções se voltavam para o sucesso e o progresso materiais. Ainda atualmente, é palpável a visão materialista da vida. A riqueza, para muitos, é o paradigma do bem-viver.

Mas a epidemia de depressão que campeia solta pelo mundo mostrou que o caminho da felicidade é outro e que é urgente encontrar esse caminho.

A humanidade quer ser feliz

Em 2004, foi fundado em Sidnei, na Austrália, o Instituto da Felicidade, que está chamando a atenção do mundo. Seu fundador, Timothy Sharp, diz: "Podemos, na verdade, aumentar nossos níveis de felicidade. É isso o que ensinamos. Pegamos as pessoas do zero e tentamos tirar do vermelho sua conta bancária da felicidade".

O economista Paul Zane Pilzer, no seu best-seller A Revolução do Bem-estar, diz que a próxima indústria mundial a atingir a casa dos trilhões de dólares, (depois da automobilística e da indústria da informação), será a das empresas que ajudam as pessoas a encontrar a paz, a saúde e a felicidade.

Por falar nisto, em 2004 fundei o Instituto VivaFeliz, na Casa da Península, em Itaára, para promover encontros naquele recanto paradisíaco, dentro do Parque Oásis. Por sinal, percorri o ano 2004 realizando a Maratona da Felicidade, uma Jornada de seis horas, hoje gravada em DVD.

Pode ser que você exclame desanimado: "Sou infeliz, por isso não acredito em felicidade". Reflita bem sobre essa afirmação e perceberá que é o mesmo que dizer: "Não tenho dinheiro, por isso não acredito que exista dinheiro". Compreendeu?

Pior ainda é a inconseqüência daqueles que blasonam dizendo que felicidade é coisa chata, insossa, estagnada, sem graça. É uma idéia tão idiota, como se dissessem: "Que coisa mais sem graça a saúde! Nada melhor do que variar a vida com um cancerzinho aqui, um diabetes acolá, uma gripezinha no final do mês, um enfarte mais forte de vez em quando".

Não há argumento válido que justifique a infelicidade. Você não foi feito para ser infeliz e não descansará enquanto não chegar à sua essência, que é a felicidade.

Graças a Deus, é fácil ser feliz, porque não depende de nenhum fator externo. Se disser que sua infelicidade foi causada por qualquer situação externa, está enganado. Felicidade está dentro. Sentir-se bem é estado interior.

Como só você pode entrar na sua mente, no seu coração e no seu espírito, só você pode fazer sua felicidade ou infelicidade. Ninguém e nem nada fará você infeliz se quer ser feliz. E vice-versa.

Nada impede a felicidade

Há quem alegue situações em que é impossível ser feliz, como morte de pessoa querida, separação, divórcio, perda, solidão, falência, miséria, doença.

O filósofo norte-americano Raph Waldo Emerson escreveu estas considerações sobre esse assunto: *"Uma febre, um aleijão, uma perda de bens materiais, ou de amigos, parece de pronto um prejuízo sem ressarcimento e sem condições de ser ressarcido. Mas os anos seguintes revelam a grande força curativa subjacente a todos os fatos. A morte de um amigo querido, da esposa, do irmão, amante, que não parecia ser senão uma privação, assume, em algum tempo futuro, o aspeto de um guia ou gênio; pois ela, de hábito, promove revoluções em nosso modo de viver, encerra uma época de infância ou juventude que estava à espera de ser terminada, liquida uma ocupação habitual, ou um lar, ou um estilo de vida, e permite a formação de novos conhecimentos, o recebimento de novas influências que se mostram da maior importância nos anos subseqüentes..."*

Se reler e meditar sobre a reflexão de Emerson, perceberá que não há necessidade de aprofundar mais o assunto. Na verdade, para quem se abre para a vida, tudo tem solução e todos os fatos se conjugam para a evolução, libertação, avanço e crescimento da pessoa. É só não ficar chorando a vida toda à porta do acontecimento. No subconsciente há uma grande força curativa subjacente a todos os fatos.

Separação e divórcio, não sejam encarados como desgraça, mas como libertação. Não são, em hipótese alguma, impedimento à felicidade. Quem acredita no Deus interior e o invoca sempre, jamais ficará com a pior parte. É melhor liberdade e autonomia, ainda que precárias, do que viver preso numa gaiola, em estado permanente de estresse e mal-estar.

Como ocorreu no segundo passo, perdoe o passado, levante sua mente, acredite que está iniciando o melhor de sua vida e reconquiste a felicidade, que esta é sua melhor herança.

A doença não impede a felicidade. Na verdade, em última análise, é uma bênção necessária, porque se trata de aviso carinhoso para você voltar à normalidade e reconciliar-se com sua felicidade.

A felicidade cura a enfermidade, porque harmoniza todas as instâncias do ser.

Como primeira conclusão, *a felicidade está no mundo interior e faz o mundo exterior à sua imagem e semelhança, mas o mundo exterior não faz a felicidade.*

Como ser feliz

Há uma pergunta que não quer calar: como ser feliz em meio aos atropelos da vida?

Como é possível ser feliz depois de tantos baques e sofrimentos?

Segundo o Mestre, o primeiro passo essencial é apagar definitivamente o passado. Borracha nele. Lavar a mente, o cérebro, o coração e o corpo.

De que maneira?

Renascendo pela água e pelo espírito.

Pela água - que lava o passado; pelo espírito - alcançando a dimensão superior do ser humano, onde habitam a Sabedoria, o Poder, a Divindade e a Felicidade. Recomeçar do zero. Do nada.

Quem existe agora, por ato milagroso da sua determinação, é um filho de Deus perfeito, imagem e semelhança divina, obra-prima do Criador, encarregado, através de sua Sabedoria e Poder, de dominar, presidir e continuar a obra da criação do mundo. Sendo feliz.

Em segundo lugar, crie o hábito da felicidade.

Já que felicidade é estado mental, mude os padrões de pensamentos, crenças e sentimentos. Decida-se, desde logo, a só pensar o bem, só falar o bem, só desejar o bem e só fazer o bem.Como você pensa e age, assim é.

Assuma o propósito de remeter ao seu íntimo, na hora de deitar, pela oração ou por pensamentos afetuosos, sentimentos e desejos de paz, de alegria, de saúde, de bem-estar, de autoconfiança, de elevada auto-estima, de fé na sua auto-realização. Agradeça, por palavras próprias ou por meio de mentalização escrita ou gravada, o dia, que lhe foi dado de presente por Deus, e tudo que aconteceu; diga que vai ter um sono tranqüilo e reparador e que vai acordar feliz e saudável.

Ao despertar, faça a oração ou mentalização do amanhecer, agradecendo a noite, a vida, a saúde, o novo dia; e peça que esse dia seja maravilhoso, feliz, protegido divinamente. Deseje que a Sabedoria Infinita (Deus, Pai, Jesus, Eu Superior, Divindade...) guie seus passos para realizações benéficas e para o fortalecimento da sua felicidade. Durante o dia, esteja atento para exercer atitudes positivas, otimistas, felizes.

Só permita que passem pelo crivo da sua mente apenas pensamentos, sentimentos, crenças, atitudes, hábitos e verdades positivas e felizes. O que você semear, colherá.

Não basta desejar a felicidade, é preciso vivê-la.

Felicidade não é destino e nem estação de chegada, mas uma maneira de viajar. Uma forma de ser.

Seja feliz não só quando a casa está pronta, mas enquanto a construir; não só quando escalou a montanha, mas durante a subida. Já dizia a doutora da Igreja Catarina de Sena: "O caminho do céu é o céu".

Vá para onde for, tenha o que tiver, faça o que fizer, decida o que decidir, mas seja feliz antes, durante e depois. Sempre.

Seja feliz *agora*. Faça a felicidade expressar-se em você agora. Ser feliz só neste momento - é fácil. E é a única forma de ser feliz, porque só existe este momento.

Para muitos, o dia mais ocupado é o dia de amanhã. Estes estão fora de tempo e fora de si. Sua felicidade não tem a ver com o passado e nem com o futuro. É estado de ser.

Agora sorria, crie pensamentos positivos, visualize-se uma pessoa feliz, bem-humorada e charmosa.

Diga para si mesmo: *"Eu sou feliz. A Sabedoria Infinita me conduz sempre para o melhor e para a felicidade plena. Eu sou feliz e quero que a felicidade se manifeste em mim. Assim é agora e sempre".*

Seja feliz *aqui*. Neste momento, este é o único lugar da sua vida. Esteja aqui não só fisicamente, mas também mentalmente. Este metro quadrado, onde está, é o seu paraíso terrestre. Olhe-o com óculos cor-de-rosa. É aqui que você está morando e vivendo. Se você não está no seu lugar, como poderá agarrar a oportunidade?

Seja feliz com *essa pessoa* que está com você. Como agora só existe este momento e este lugar, a pessoa que está com você é a única que existe para você. É como se estivessem isolados no planeta Marte. Dê atenção e valor a essa pessoa, veja-a pelas qualidades e pense o bem dela.

Seja feliz *nessa atividade.* Procure fazer o que gosta. Caso não puder, neste momento, resta-lhe gostar do que está fazendo. Encontre razões para gostar dessa atividade. Nada de preocupações e ansiedades. Seja criativo.Veja o lado bom desse trabalho. Pense o melhor a respeito dessa ocupação. Lembre-se: você é o que pensa.

Seja feliz *nesta situação.* Se a está apreciando, desfrute-a intensamente. Se há algo que não lhe faça bem ou que seja desagradável e constrangedor, procure outra situação, se possível, caso contrário seja condescendente e tolerante; enfim, ser feliz só depende de si.

Seja feliz com *essa idade.* A famosa artista cinematográfica Sophia Loren completou setenta anos no dia 20 de setembro de 2004. Em entrevista concedida em Gaeta, dias antes do aniversário, disse ela: "Me aproximo dos setenta anos com o estado de espírito de uma pessoa muito feliz com a vida que teve. Sinto-me jovem, uma menina, repleta de coisas para fazer. Estou dominada por uma força positiva que me impulsiona a não parar".

Desfrute a vida

Li, num livro de Luís Martins Simões, em Portugal, esta historinha que passo a você:

"Era uma vez um homem de negócios, engravatado, que tinha uma reunião importante do outro lado da cidade de Veneza. Decidiu então procurar um táxi-gôndola. Para seu espanto, no local próprio não encontrou nenhum. Ficou extremamente preocupado e nervoso por correr o risco de chegar atrasado à reunião com o cliente.

Procurou, olhou, tentou ver alguma gôndola, até que se deu conta de que, no mesmo cais, mas cinqüenta metros mais distante, estava um homem tomando sol, descalço, com uma gôndola perto dele.

Dirigiu-se, a passos firmes, ao gondoleiro e perguntou se era táxi. Diante da resposta afirmativa, seguiram os dois rumo ao destino do passageiro. Durante a travessia, o homem de negócios decidiu aproveitar para dar uma lição de atitude comercial ao gondoleiro e disse-lhe:

- Se você se colocasse com a gôndola cinqüenta metros mais à frente, arranjaria clientes mais facilmente.

O gondoleiro perguntou:

- Para quê?

- Porque assim venderia melhor os seus serviços.

- E para quê? – tornou a indagar o gondoleiro.

- Se vendesse melhor os seus serviços, o negócio cresceria e você até poderia comprar outra gôndola.

- Para quê?

- Ora, com duas gôndolas, poderia ter empregados que conduzissem as gôndolas.

- E para quê?

- Pois, enquanto eles trabalhassem nas suas gôndolas, você poderia ficar apanhando sol.

O homem ponderou:

- Mas, para que tanta coisa se apanhar sol

era exatamente o que eu estava fazendo há dez minutos?"

Essa historinha pode trazer uma boa lição, principalmente para aqueles que vivem desesperados atrás de dinheiro, de negócios, de melhor colocação.

Têm filhos para cobri-los de amor, mas os deixam órfãos, porque necessitam correr desde a madrugada para terem duas ou três gôndolas.

Renunciam ao lazer para dispararem em busca de condições financeiras a fim de terem condições para o lazer. Ou seja, se atropelam para fazer o que já faziam.

Indague-se agora: "Para que estou vivendo?"

Na falta de outra resposta, diga: "Estou vivendo para ser feliz, para realizar meus sonhos grandiosos, para amar e ser amado, enfim para desfrutar este lindo paraíso terrestre, estância do bem-querer, que Deus construiu para mim".

Trabalhe, construa sua carreira, realize seus sonhos de progresso, mas nunca deixe de reservar tempo para si e nem descure os demais valores de suprema grandeza: a saúde física, mental, emocional e espiritual e a família, especialmente suas crianças.

Acima de tudo, jamais perca de vista o essencial: ser feliz hoje, aqui, agora, nesta atividade, nesta situação, com essas pessoas.

Agora, recoste-se à sombra do seu coração e pense que a vida é sempre uma festa, aconteça o que acontecer.

fim

ÍNDICE